갈대의
낙관

문학공원 시선 91

갈대의 낙관

김상만 시집

나목이 되어 가는 은행나무엔 노란 별 하나
팔랑거리는 사유 한 조각은 더욱 애잔하며
나는 여백의 길로 노란 별 닮은
꼬맹이 손을 잡고서 달마중 나간다
아린 바람 한줄기 마지막 별 하나 흔들어대면
별똥별 되어 갈대의 손에 떨어지고
갈대는 화제를 쓰고
가을의 화폭에 낙관을 찍는다
갈대의 가을은 별똥별처럼 잠이 든다

문학공원

시집을 펴내며

자연을 보며 늘 생각합니다
자연에 삶을 기대는 모든 것들은 소리 없이 자신에 충실하며
열린 가슴으로 사심이 없이 사는 모습
저도 그런 삶을 살고 싶습니다
농사일과 조용히 글을 쓰는
이 시간은 저에게 있어 축복의 시간입니다
늘 응원해주는 우리 딸과 묵묵히 기도로 못난 자식을
다독여주시는 어머니께 감사드립니다
계절마다 삶의 의미를 부여해주는 금호강과 팔공산
수많은 사찰들 꽃들의 향연인 주변 풍경들
순박한 농부 지인님들 감사드립니다
아이에게 예쁜 세상 좋은 것만 보여주고 싶은
아빠의 마음과 그리운 사람과의 추억을 담아보았습니다
늘 아껴주시고 용기를 주신 스토리문학사 김순진 선생님,
전하라 편집장님 그리고 김종웅 선생님, 이화엽 선생님께
감사의 말씀을 전합니다
열린 가슴의 시인, 노력하는 시인으로 살겠습니다

2014년 초가을

김상만 올림

차 례

1부

차 례

2부

2부 대숲의 시

차 례

3부

3부 산사의 뜨락에서

차 례

4부

4부 우시장 풍경

1부

는개 내리는 날

호젓한 가로등 아래 흩뿌려지는 연우
나무들도 호수도 모두 숨어버린 쓸쓸한 벤치에
그대 그리는 슴벅슴벅한 가슴만 아리다
오직 그대만을 그리며 하릴없이 기다리는
가슴 적시는 추억의 광대가 되어버린 나
잊지 말라던 그날 언약의 눈물처럼
가녀린 그녀의 그리움이 소리 없이 내립니다
햇님도 눈감아주는 짧은 시간의 만남
하나된 마음에 기쁨은 눈물꽃 되어 흐르네
눈물아 추억 속에 사는 은가루 같은 눈물아
사랑아 견우와 직녀의 비련처럼 애잔한 사랑아
그대 없는 세상은 안개처럼 촉촉히 수놓은
그리움만이 이끼처럼 자라고 있어요
그립고 보고 싶은 마음에 는개비 되어
사부작사부작 감싸주면
오직 그대만을 그리며 추억의 벤치에 앉은
광대의 가슴은 포근한 행복이 느껴지네요
나 이슬되어 그대를 만나는 날까지
그대도 그리운 날이면 는개비처럼 오소서
우리의 못 다한 사랑을 포근히 보듬어주세요
영원히 당신만을 사랑합니다

재래시장

햇살 좋은 봄날
꼬맹이 손잡고 재래시장에 나들이를 갔다
김씨 아저씨 과일 트럭엔
딸기 참외 온갖 과일이 봄마당에서 구슬치기하며 놀고 있다
야채 좌판엔 달래 냉이 미나리
온갖 봄나물이 봄을 끌어당기느라 팽팽하다
이씨 아저씨 노처녀였던 큰딸이 올 봄에 시집을 갔다
박씨 아주머니네는 예쁜 황송아지를 낳았다
최씨 아주머니는 박사 사위를 봤다
아낙네들 삼삼오오 수다가 아지랑이처럼 아른거린다
모퉁이 두부장수 할머니 이마는
오뉴월 하루갈이 밭처럼 고랑 깊다
손두부 한 모 사려고 하니
아이가 예쁘다며 덤으로 한 모를 더 주신다
대형마트는 아무리 물건이 좋고 싸도
할머니의 인심은 팔 수 없을 것
돌아와 오늘은 할머니의 두부와 냉이를 넣은 된장국을 끓인다
자글자글 낮에 재래시장에서 들은 소식들이
녹음기를 틀어놓은 듯 한꺼번에 들린다
멀리 봄의 기적소리가 들린다

밥상의 노래

당신 없는 세상은 상상하기도 싫습니다
항상 내편이고 든든한 울타리가 되어주며
세상에서 가장 친한 친구이자 연인
무엇보다 내가 태어난 포근한 모태
세월은 어쩔 수 없는가봅니다
허리는 핏기 잃은 버들가지처럼 휘고
머리는 잔설이 내려 세월을 이고
복사꽃처럼 곱던 모습은 아득하여
쭈글쭈글 주름진 잿빛 탈 모양
이제야 당신도 늙는다는 걸 알았습니다
이 밤 가슴이 너무나 아려옵니다
다 큰 자식 어두운 표정만 보여도
희미한 두 눈으로 어찌 아시는지
정화수에 촛불 한 자락 켜고
무릎이 저리고 굽은 허리 더욱 휘도록
빌고 또 비는 거룩한 모정
안으로만 간직해오신 거룩한 희생
이제야 알았습니다
꽃비처럼 내리는 당신의 숭고한 향기는

세상 어느 꽃향기 보다 더 고운 사랑의 향기입니다
주름진 두 손을 놓고서 돌아오는 길에
아침에 흔들리는 여린 꽃잎처럼 배웅하던
쓸쓸한 당신의 모습이 아슴아슴 떠ㅓ올라
가슴에는 이슬이 맺혀집니다

노을 쏟아져 내리는 숲에서

금빛 노을이 구름을 뚫고
숲으로 은은히 흐릅니다
그 신비의 형체 없는 빛줄기
나뭇가지에 스며들고 형체에 스며들어
서로를 보듬고 하나가 되었습니다
소나무의 솔보굿에 앉은 노을은
청아한 솔향기와 들꽃들의 향기에
반짝반짝 행복한 미소를 띄웁니다
노을은 숲의 품에서 청아한 향기를 품고
숲은 노을 안에서 티끌 한 점 없는
회광반조[1] 찬연함 속에 텅 비어 다시 채우는
고결한 마음을 보았습니다
저 노을 숲의 고결하고 공한 평정심으로
맑고 밝은 혜안을 일깨워
우리가 지향할 또 다른 모습입니다
노을과 숲의 평화로운 조화 하림[2]
청아한 바람의 나래에 싣고 모두의 가슴에
모난 상념을 재우는 티끌 없는 풍경 소리처럼
은은히 울리기를 소원합니다

---

1) 회광반조: 자신을 반성해서 자기 심성의 신령한 성품을 비쳐 보는 것
2) 하림: 숲에 빛 내리는 현상

전국노래자랑

마실병원의 링거액 같은 술병이
방바닥에 자유롭게 뒹구는 일요일
미처 술이 덜 깬 괘중시계가 비틀거리며 고독을 깨운다
사각의 바보상자에 흘러나오는 사분의사박자
귀에 익은 중년 신사의 트로트가
미꾸라지처럼 요리조리 흘러나온다
궂은 비 내리는 날 그야말로 옛날식 다방에 앉아
딩동댕 맑은 실로폰소리
각설이 분장을 한 출연자의 흥겨운 춤사위에
비틀거리던 일요일 한낮이 왁자지껄
사람향기 나는 축제의 장으로 변한다
박자를 잃어버린 아저씨의 사과처럼 붉은 얼굴 위로
땡, 경쾌하게 울리는 퇴장소리
낮술 했어요? 사회자의 재치 있는 말솜씨에
장내는 한바탕 웃음소리로 가득하다
기성가수의 노래보다 더 정겨운 이웃들의 노래 한마당
방바닥에 뒹굴던 피로가 땡 소리와 함께
후두둑 대추처럼 떨어지는 어느 달짝지근한 가을날

악어의 눈물

그리움에 가슴은 아린 고목이 되었다
움푹 패인 시린 눈망울의 영혼
무엇이 그리워서 창공을 응시하나
젊어서 자식 키우느라
허리가 굽고 이마엔 고랑이 깊어
육신은 메말라 껍데기만 남았건만
유일한 웃음마저 빼앗겨 버렸다
TV속 아이들 웃음소리에
아슴아슴 눈에 어리는 얼굴들
손자 손녀 재롱이 그리워서
촛불처럼 마음은 늘 한 방향
오지 않는 면회실엔 긴 그림자 하나
그리운 피붙이 생각에 애간장 녹는구나

요양원이 노인들의 천국이라 말하는
이 기생충 같은 놈들이
희희낙락 그냥 버리고 갔다
악어가 눈물을 흘린다
사랑과 정이 돈보다 못한 세상

현대판 고려장이다
흐르는 세월을 잡을 수 없듯이
다음은 너의 차례
평범한 이치를 간과 하는 것 같다
오늘도 악어는 눈물을 흘린다

꽃차를 마시며

시린 바람 불어 메마른 계절에는
따스한 꽃향기가 그립다
카페에는 잔잔한 발라드 선율이 흐르고
마음 맑은 누님의 고운 미소가 정겹다
향긋한 꽃 같은 사람들이
오순도순 정다운 이야기꽃 피우면
카페가득 하늘빛 사랑이 흐른다
투명 유리잔에 오므린
꽃잎들이 몽글몽글 피어나고
추억의 그리움이 투명 유리벽에 송글송글 맺혔다
늙으신 어머니의 노란 찻잔의 노래가
삭정이 같은 손끝에 묻어나던
생강꽃의 알싸한 맛
약지 손가락에 꽃반지를 마들어 기고
들녘에 귀엽게 앉은
유년에 별처럼 곱게 피어난 제비꽃
예쁘고 구수한 향기 속 피어나는
봄날의 주린 배를 채워주던 아린 눈물의 유채꽃
향긋한 꽃내음 속 알싸한 맛이 묻어나는

여린 봄의 서막을 알리는
새색시그이 입술처럼 달콤한 진달래꽃
넉넉하고 쓸쓸함이 짙게 베인
가을의 들판에 은은하게 피어나는 향기는
정겨운 어머니의 모습 같은 국화꽃
작은 꽃잎의 고운 향내가 카페가득
하늘하늘 음표를 타고 사랑을 피운다
향긋한 꽃향기 그리운 날 추억이 그리운 날
꽃차 한 잔 마주하며
친구들과 오순도순 카페의 꽃으로 앉았다

4월의 초대장

삶이 힘겨운 날 4월은 초대장을 보내왔다
포근한 햇살이 산야에 나래짓하는
아침의 숲길은 풀잎과 이슬의 신선함이
가슴을 아름답고 행복하게 채워준다
햇살은 연초록 산빛에 반짝반짝 감미로운
클래식 음악처럼 가슴을 설레게 한다
연분홍 진달래 한들한들 수줍은 몸짓
앙증맞은 제비꽃과 이름 모를 풀꽃들이
제 빛깔의 그리움으로 흔들리는 황홀한 조화
빛깔은 다르지만 모두가 연초록 산빛의 마음
봄바람도 나래를 쉬어 가고
호수도 연초록 산빛에 푸르게 물들어간다
밤하늘 별빛과 달빛도 연초록 산의 품에
마음을 씻고 도란도란 정다운 얘기꽃을 피운다
지치고 힘든 마음에 평화와 포근함의 안식을 주는
연초록 4월
나도 그리운 이에게 초대장을 보낸다

예그리나[3)]

하늘은 포근한 꽃구름 흘러가고
희여울은 맑게 봄날을 노래하건만
마음속 봄날은
삭정이처럼 머무는데
천사의 미소와 향기로
날 움트게 하고 기쁨을 주는 너
만약 나에게
너마저도 없었다면
음울하던 삶의 무늬는
설백의 고뇌
터널 같은 마음에
푸른 별처럼 반짝이는 너
내 삶의 노래가 되어주고
내 삶의 봄이 되어준다
너와 나는
하늘빛 영원한 예그리나

---

3) 예그리나: 사랑하는 우리 사이

갈대의 낙관

갈색의 모자를 쓴 갈대는
은빛 강 화폭에 사르락사르락 습작을 한다
이른 아침에 너울너울 피어나는 물안개는
울음 우는 강의 슬픔으로 화폭 속을 흐르고
잠을 깬 철새들이 몸단장으로 찰방찰방 부산하면
안개는 너울대는 긴 머리 날리며 하늘 여행을 간다
금빛 물비늘 반짝반짝 채색되는 춤사위
아침 햇살이 소담스레 산비알로 나래짓하면
강 언덕 아담한 노옥에 피어나는 하얀 연기는
초로의 노인이 쇠죽 솔박솔박 끓이는 구수한 향기
모든 꽃들은 분신인 씨앗을 묻고 영원의 잠에 들고
노옥 옆 양지바른 담장 밑에는
들국화만이 무서리 시린 바람에도 청초하게 피어
그 향기 더욱 짙어 화폭을 향긋한 향기로 채색하고
석양 무렵 느릿느릿 황소의 걸음걸이에
참새들이 조롱되며 누런 등위에 올라타고
고향의 서정이 산마루 노을빛 따라 채색이 된다
노옥 옆 은행나무 무성하던 별들은 별똥별되어
소롯길은 노란 그리움의 길로 단장을 하고

나목이 되어 가는 은행나무엔 노란 별 하나
팔랑거리는 사유 한 조각은 더욱 애잔하며
나는 여백의 길로 노란 별 닮은
꼬맹이 손을 잡고서 달마중 나간다
아린 바람 한줄기 마지막 별 하나 흔들어대면
별똥별 되어 갈대의 손에 떨어지고
갈대는 화제를 쓰고
가을의 화폭에 낙관을 찍는다
갈대의 가을은 별똥별처럼 잠이 든다

사랑의 묘약

몸살이라는 바이러스들이 온몸 가득 점령하여
거머리처럼 떨어지지 않는다
열이 나며 콧물이 주르륵 정신마저 갉아먹으며
온몸은 파르르 사시나무처럼 떨린다
병원의 하얀 침대 시트에 누워
술병처럼 생긴 링거병에서 수액이 온몸을 적신다
주사에 약을 먹고 앓아누운 여린 몸
밤새 기침 소리만 옹이로 앉았다
이쁜 꼬맹이 머리에 손을 짚으며
몸조리 잘해 애써 웃음 지으며
교회를 간다며 외출을 한다
그 찡한 한마디 어찌나 사랑스러운지

몸살이라는 거머리 온몸을 유린하니
속빈 고목처럼 죽어가는 열병의 시간
병원 처방전도 소용이 없다
기침 소리만 메아리로 방안 가득 울린다
딩동 하얀 미소 짓고
단풍잎 같은 손으로 약봉지를 내민다

녹초가 되어버린 몸에 흘러들어 가는 약은
생명수처럼 생명력을 불어넣는 것 같다
스르르 눈감기는 순간에도
별처럼 머리맡에 앉은 꼬맹이의 미소는
내 가슴에 흐르는 푸른 사랑의 묘약
머리에서 발끝까지 꼬맹이의
푸른 사랑의 수액이 가득 흐른다

꺽지는 추억을 꺾지

그대는 민첩한 강의 전사
황갈색 얼룩무늬 군복에
전사의 상징인 청색 점
방추형 유연한 몸매에 긴 지느러미
매서운 두 눈 시퍼렇게 부릅떠
늑대에 견줄 만한 강인한 부성애
바위틈에 분신인 알을 지키느라
주린 배 움켜잡은
낡은 군복에 줄어드는 허리
매일의 새벽부터 별이 총총한 밤까지
목숨 바쳐 싸우는 투혼의 전사
어느 햇살이 눈부시게 물속을 비추는 날
바위틈에서 톡톡 희망의 꽃이 피어나면
강가는 생명의 숨결로 가득하고
기진맥진한 전사의 동그란 눈에
고행자 이슬 같은 눈물꽃이
은빛 파광처럼 반짝입니다

나는 강가에서 삶의 스승 같은
얼룩무늬 전사의 숭고한 사랑을 배워봅니다

홍매화 피다

그리움의 맴돌이가 노을처럼 타는 날은
살며시 그대 숨결에 나래 머문다
달빛 소조한 뜨락에 시나브로 앓는 몸살
실핏줄처럼 나목을 감고 오르는
아리고 아리게 불타 오른 꽃봉오리
봄은 아직 멀건만 그리움의 숨결은 타올라
잎새는 꿈을 꾸건만 꽃을 먼저 피우느냐
그 고결한 자태에 피어오르는 맵찬 향기는
이 밤을 가로질러 백설처럼 흩날리고
여린 아침 햇살을 온몸으로 보듬어
붉은 꽃등불 도드라지게 불을 밝히면
숨이 멎을 듯한 곱디고운 자태에
잊혀지지 않는 임의 입술 같은 꽃이여
나는 바라기 휘파람새로 앉았다

묘각사 풍경

굽이굽이 에돌아 하늘 문이 열리고
길섶엔 갖가지 들꽃들이 난출난출
맑은 구름을 이고선 나무는
태고의 푸른 빛깔의 향연
천년이 피고 진 고즈넉한 묘각사
청아한 사미니의 목탁소리처럼
혼연하게 스며든다

우듬지로 열정을 더하는
붉디붉은 산도화
예쁜 치마 입고 영혼을 반기다
맑은 발우의 깊이만큼
공양 간에 샘솟는 정의 푸른 물결
차방에는 도란도란 정다운 애기 꽃
차향 가득 행복이 묻어
마음의 여유와 안식을 주네

꽃들이 소담하게 핀 산사에는
풍경 흔들며 스쳐가는 바람소리

영혼 깊은 곳의 맑은 울림으로
천형의 죄인은 향불을 사르고
아미타부처님의 하늘빛 향기는
한 송이 연꽃으로 가슴에 가득 피어난다

개미

햇살이 또르르 구르는 뜰에는
갖가지 꽃들이 화사하게 피었지만
눈먼 봉사처럼 거들떠보지 않는 개미들
마치 달리는 기차의 움직임처럼
전지의 깃발 아래 앞만 보고 간다
바람이 불면 날아갈 것 같은 여린 몸이지만
허리띠를 졸라매며 차곡차곡 재형저축만 한다
힘들게 일만하시는 우리네 어머니 모습
인고의 세월은 산 그림자처럼 깊고
햇볕에 그을린 주름진 얼굴
검은 콩처럼 딱딱한 거치른 손은
숭고한 노동의 빛깔
햇살이 열정을 더하는 오후
짬 없이 이동하는 개미들
빈혈이 생기고 몸은 말라가며
삶이 너무나 고달파도 자신의 분신을 위해
마치 시계추의 움직임처럼
숨이 멎을 때까지 자신을 희생한다
새벽에는 이슬방울 물고

작은 희망의 축원을 해님에게 소원하며
손톱과 발톱이 문드러지게 일만하는 숭고한 희생
오늘도 개미는 혹성 머리에 이고
얇은 허리 더욱 졸라맨다

가시밭길 속에서도

새벽이 열릴 때까지
하얀 안개 이불을 덮고
별빛의 속삭임과 달빛의 축복 속에
길은 충만한 꿈을 꾼다

눈먼 닭이 새벽을 깨우면
있는 듯 없는 듯 늘 함께하는
우리네 인생의 여로에 오늘도 길은 야누스의 두 얼굴

청아한 향기의 늘솔길
넓고 편한 신작로길
고통과 아픔의 가시밭길
좁디좁은 고샅길

항상 좋은 길만 있으리오
항상 가시밭길만 있으리오
길은 모두에게 공평하게 열렸다
좋은 길도 나쁜 길도
우리네 마음속 혜윰[4]의 차이

---

4) 혜윰: 생각

가시밭길 속에서도
좋은 혜윰 잉걸 같은 열정이면
그 길은 행복의 열매로 가득하고
좋은 길속에서도
나태하고 메마른 혜윰이면
그 길은 앙상한 삭정이로 남는다

하늘빛처럼 충만한 혜윰으로
흰여울[5] 같은 가슴으로
시련의 가시밭길을 헤치고 나아가면
빛솔[6] 같은 행복의 열매를 맺으리라

---

5) 흰여울: 물이 맑고 깨끗한 여울
6) 빛솔: 빛처럼 밝게 솔처럼 푸르게

동백꽃 낙화하다

겨우내 임향한 그리움은 별빛 곱게 스며드는
꽃봉오리 속 노란 꽃술에 감추고
해풍 고운 날
푸른 잎사귀 속 등불을 밝힌 그녀
어이하랴
이를 수 없는 다솜은 해조음처럼 울고
못 다한 인연의 그리움은 화가마처럼 타오르는
붉은 눈물의 꽃등불
가장 눈이 부신 날의 저 낙조처럼
만개한 꽃봉오리채로
톡톡
시크하게 떨어지는 단말마
둥지 밑 누운 자리마저도 붉은 주단을 깐
내 임 같은 눈물의 꽃이여
애간장을 녹이는구나

나는 허우룩한 앉은뱅이가 되었네

간이역에 봄비는 내리고

오매불망 봄비 오시길 기다렸던
간이역에 늘어선 마른 가슴의 나무들에게
해종일 봄비가 보슬보슬 적셔주네
나무는 슴벅슴벅 눈시울 젖어
가지마다 봉긋이 피어오르는 꽃망울
벙그네 노란 꽃등 불 밝혔네
서로를 보듬고 영혼의 통로에 흐르는 푸른 희망
딱딱한 몸은 휘늘어진 수양버들처럼
유연하고 생기 넘치게 낭창낭창 부드러워진다
간이역에 봄비 보슬보슬 내리면
노란 개나리 병아리처럼 귀를 세우고
누구를 기다리시나
봄비 내리는 간이역 열차가 닿으면
그대 그리워 마른 가슴에
그대도 내가 그리워 봄비처럼 오시려나

海菊, 海國

바위틈에 오롯이 앉아 넘실대는 바다를 바라본다
하나의 일념으로 꽃잎이 곱게 만개하고 있다
보랏빛 고운 열정은 태초의 쪽빛 바다를 품고
운명으로 점철된 가슴엔 바다향이 짙어간다
세찬 비바람에 찢기고 허리가 구부러져도
오직 그대를 기다리며 하얗게 바래지는 망부석처럼
꽃 한 송이 애처롭고 애잔히 피어나고 있다
고운 햇살 바다에 흩뿌려지면
찬연히 빛나는 바다를 연모해
바다의 속삭임을 꽃술에 담는다

시나브로 앓는 그리움의 몸짓
바다야 네가 있는 하늘 아래
눈꽃처럼 사라졌다 다시 피리라

치과에서

지난 가을, 이가 시려 치과에 갔다
작은 주사바늘에도 포클레인이 집을 부수는 듯 몸이 움찔한다
강아지처럼 꼬리 내린 애교에 간호사가 빙그레 웃는다
흰색 가운이 잘 어울리는 훤칠한 의사선생
양치질은 꼭 하셔야 해요
물은 미지근하게 잡수시구요
내 입안을 들여다보더니 처방전을 내준다
날마다 수십 명의 구린내를 들여다보는 인내가 존경스럽다

이는 음식물을 열심히 갈고 부수지만
몸에게 모두 빼앗기고도 공치사하지 않는다
조금의 음식물마저 칫솔질로 깨끗이 닦아낸다
누렇든지 하얗든지 틀니든지 빠진 이든지
언제나 자신을 드러내놓고 웃는 치아
과연 나는 이빨처럼 자신을 당당히 드러낼 수 있는가
입처럼 언제나 구린 속내를 당당히 보여줄 수 있을까

동네 모퉁이를 돌아가는데 밤나무에서
밤톨 한 알이 뚝 떨어진다
빠진 이로 호방하게 웃고 있는 저 노인

야누스의 두 얼굴

여름에는 인심이 후하지만
만추에는 왜 그리 사나운지
바람이 찡그리면 은행잎은 힘에 겨워 파르르
부여잡은 손을 놓으면
하늘에는 노란 꽃비가 지천으로 내리고
만추의 거리는 고운 이불을 덮었다
바람이 심술보를 더욱 부풀리면
은행잎들은 이리 뒹굴 저리 뒹굴
온몸은 생체기로 가득하지만
별이 되고 싶은 마음들이 모여서
서로를 보듬고 가지런히 누웠다
빛 고운 햇살이 힘을 잃으면
사람들은 종종걸음으로 옷깃을 여미며
그리운 둥지로 향하고
만추의 거리에는 휑한 바람 소리뿐
은행잎은
서로의 손을 잡고 피날레를 준비한다
저 낙조처럼 영혼의 꿈을 속삭이며
하늘 여행을 간다
바람은 야누스의 두 얼굴

하이얀 물새

나는 한 마리 하이얀 물새 되어
은빛 강 고요의 품에 젖어든다
개구쟁이 여린 바람 한 솔기
물 위에 뜬 낙엽을 휘저으면
잠자는 피라미 놀란 토끼 눈으로 새벽을 맞이한다
고개 숙인 갈대의 하얀 머리 위에
무서리 하얀 꽃 겨울을 재촉하며
오들오들 멧새들은 갈대 잎 지붕삼아
서로를 보담고 설익은 잠을 잔다
내 임의 미소 같은 달빛이 조약돌에 오롯이 앉아
물새의 가슴은 아리고 아려 회를 치고
별빛 소소한 은빛 강 언약의 맹세는
낙엽처럼 바스라져 허무의 안개가 되었다
안개에 젖은 그리움이 하얀 날개를 달고
아득한 하늘로 허망한 날갯짓
고요의 강에 금빛 햇살 내리면
저 홀로 저 홀로 잠 못 이루어 하얗게 지샌밤
물새의 시린 가슴에 멍울지는 아침

바람의 노래

마음 한 자락 둘 곳 없는 날은
바람이 전하는 산의 이야기 속으로
배낭 하나 달랑 매고 길을 떠난다
영혼의 오솔길엔 바람이 반긴다
바스락바스락 낙엽들의 소리가
쓸쓸한 계절의 깊이를 더하고
계곡엔 졸졸졸 마음을 씻는
물소리 청아하게 흐르고
하늘엔 청아하게 흐르고
하늘엔 구름 한 조각에 가려진
낮달이 비스듬히 고개 내밀어
길동무가 되어준다
계곡을 타고 흐는 바람 소리는 나목을 보듬고
내 어깨에 앉은 바람 한 솔기는
욕심의 옷을 벗으라 한다
저 나목처럼
텅 비우고 맑게 채우라 한다
돌아보면 아등바등 세파에 찌든
내 인생의 뒤안길 먹구름만 가득하다

바람이 전하는 삶의 노래가
가슴을 열고 산의 마음을 품어라 한다
소나무처럼 예리한 지혜를 배우라 한다
어느덧 동화되어 가는 마음에
고즈넉한 산사의 풍경 소리가
내 영혼을 깨운다

2부

대숲의 시

꽃봉오리 연등

천년 산사의 조붓한 오솔길
애솔가지에 사랑으로 빚은
맑은 빛깔의 청순한 모습으로
한들한들 흔들리며 두 손을 모은
서원의 꽃봉오리
임 향한 사랑은 선연한 꽃봉오리 속
설백 같은 마음이 쌓이고 쌓인
한 송이 공양의 진솔한 꽃이어라
꽃 들이 계절에 불을 밝히고
분분히 낙화하건만
수도승의 이슬 같은
함초롬한 한 송이 연꽃처럼
가슴에 불을 밝힌 원행의 꽃봉오리
사계마저 비켜 흐르고 흘러
햇살처럼 반짝이는구나
산사 위로 달빛 고요한 날
모감모감 떨어져 선경에 누울 때까지
부처님 전에 공양하는
아름다운 원행의 꽃이어라

운문사 처진 소나무

웅비한 태백산맥의 끝자락 호거산 아래
빛 고운 햇살이 눈이 부시도록 나래 내리고
소담한 자비의 꽃에 천년의 산사는 고즈넉이 앉아
가슴을 열고 하늘처럼 맑게 비우라한다
앞뜰의 소나무는 가지를 내려
오체투지의 흐트러짐이 없이 부처님전 합장을 한다
범종소리 만세루의 법고소리 벗삼아
귀를 열고 가슴에 혜안을 품고
하늘처럼 비우고 샘물처럼 더욱 맑게 채우는
예리한 지혜의 가슴에 피어나는 청초한 솔향
그 향기는
묵묵한 참선의 세월에 마음을 씻는
비구니승의 마음에 한줄기 사사의 고운향기로
너는 푸른 승복을 입은 큰 스님이로구나

천년의 약속

아침 햇살을 타고서 고소하고 달콤한 향기가
가슴 가득히 기쁨과 행복을 준다
천년 산사에 사랑의 이정표로
맑은 사랑의 시를 쓰는 깨소금 부부
서로의 가슴을 티끌 없이 공유하는
참나무와 느티나무
둘이면서 하나의 마음인
샘물처럼 맑은 사랑이
신선하게 가슴을 흔든다
산새들의 은빛 날개 쉬어가는 쉼터가 되며
젊은 청춘들의 사랑의 이정표가 된다
서로의 가슴에 늘 청초한 향기를 꽃피우는
늘 솔길처럼 한결같은 사랑
하늘이 갈라놓을 때까지 영원히 함께하는
사랑의 진리 같은 하늘빛 사랑
그 고결한 사랑 모두의 가슴에
푸른 등불이 되어 그림처럼 남아있기를

그리움 가득한 날에는

하루하루 청초한 사랑을 이어가고 있는
은해서 조붓한 오솔길에 금실 좋은 부부처럼
아름다운 인연으로 백년해로하다
함께 잠이 들기를 소원해

찬연한 새벽달처럼

하늘을 이고선 암릉
표주박에 담긴 구름이
고즈넉한 산사에 이슬이 되어 내리면
한객의 마음은 풍경되어 울린다

사찰엔 외로이 서있는 한객
산곡에는 갖가지 전설을 품고
아담한 사찰엔 바람이 향불을 사르며
게으른 범종을 깨운다

오봉산은 태고의 푸른 빛깔의 향연
한객의 피로를 다림질 하며
큰 바위에 깃든 푸른 화랑의 꿈
산의 마음을 품어라 하네

햇살은 정오의 열정을 더하고
산사람들의 아름다운 미소는
인연의 한줄기 빛 되어
한객의 가슴에 꽃으로 피어난다
간절한 마음들이 모여

층층이 돌탑을 이루었다

여우비 개인 수정구슬의 하늘
산허리를 휘감고 피어오르는
안개는 마치 연꽃의 물결
어느덧 내 마음은 주사암에 핀
한 송이 연꽃이어라

망부석

푸르고 향기로운 사랑의 계절에
담장 너머 고개를 내민 장미처럼
기다리는 마음은 붉게 물들어갑니다
저 새들은 날개가 있어 임에게 갈 수 있지만
날개가 없는 나는 그대에게 가지를 못해서
그대 오시길 하염없이 기다립니다
봄바람처럼 오셔서 머릿결 살랑이면
그대 향기라 느끼겠습니다
비처럼 오셔서 내 마음을 흠뻑 적시면
그대 마음이라 느끼겠습니다
그때 아름다운 그 약속 가슴에 맴돌아
그대가 오시길 풀꽃처럼 기다립니다
그대여 기다리는 가슴은 저 노을처럼
타오르고 타올라 재가 되어갑니다
슬픈 밤이 나래짓하면
댓잎 위에 앉은 쪽빛 달님처럼 오소서
새벽녘 찬연한 샛별처럼 오소서
하루가 천년 같은 아린 가슴에
바다처럼 비처럼 달빛처럼 별빛처럼 오소서

나는 그대 기다리는 망부석
그대 계시는 하늘만 바라봅니다

미완성 사랑

그리운 가슴에 아카시아 꽃잎은
눈꽃송이처럼 그윽이 흩날리고
나는 오월의 찻집에 바람처럼 앉았습니다
잔잔한 클래식 음표
우리의 못 다한 사랑처럼 애잔히 흐르고
영원히 잊혀지지 않는 당신의 분홍빛 입술에
꽃잎처럼 흐르던 나만을 위한 노래는
아직도 가슴에 감미롭게 남아있는데
그대 모습은 보이질 않아
창 너머 하늘만 하릴없이 바라봅니다
초록의 양탄자 위에 하얀 풀꽃은
당신의 모습처럼 흔들리며
도도한 장미의 사랑은
그 시절 우리의 사랑처럼 활짝 피었건만
그대 없는 오월의 하늘 아래
석양빛 타고 흐르는 슈베르트의 미완성은
못 다한 우리 사랑처럼 애잔히 흐릅니다
그리운 마음은 꽃잎처럼 찻잔에 떨어지고
그대 없는 하늘 아래 영원히 피지도 못할 사랑이여
달빛 소소히 내리면 그 빛을 타고 내려와
텅 빈 내 가슴에 장미의 사랑을 채워주세요

복사꽃

촉촉한 대지에 뿌리를 굳건히 내렸다
하늘 향해 가지를 곧추세웠다
선분홍빛 수줍은 꽃이 피었다
나비와 벌은 행복한 단꿈을 꾼

조물주의 마음을 토씨 하나 안 틀리고
복사한 것이다

정화수 기도

오동통 투박한 구릿빛 황토의 몸매
바람이 전하는 세상 이야기에 귀를 열고
삶을 노래하는 어머니 같은 스승
된장이 익어 가면은
몸빼바지 흥건히 적시던 어머니의
헌신적인 땀의 향기를 배운다
고추장이 익으면
봄날의 어머니 회초리 같은
매콤하고 알싸한 지혜를 배운다
간장이 익어 가면은
어머니의 시집살이 같은
침묵의 세월이 겸손을 가르친다
하얀 눈이 소복이 머리에 쌓일 때까지
정화수에 소원을 빌던
어머니의 순백의 마음을 배운다
옹기 너는
삶을 노래하고 마음을 일깨우는
바람처럼 살아 숨 쉬는 세월의 요정

팔공산 가슴앓이

그리움의 맴돌이가 눈꽃처럼 산야에 내리면
설레는 마음 또록또록 빛 내리는 친구 벗삼아
한량한 기운 시리게 가슴을 파고들어도
곁으로 가는 마음은 헤실헤실 어느새 산 오른다

갓바위 약사여래불의 온유한 미소가
산객의 가슴에 햇살처럼 나래짓하면
나무든 바위든 모두가 하얀 코트를 입은
산마루는 햇살에 반짝반짝 설백의 눈꽃 세상

울퉁불퉁 개성의 꽃이 만발한 꽃잎 위에 앉아서
바라본 푸른 하늘에는 구름꽃이 피어 흐르고
그 숨결 사이로 청량한 바람은 한없는 평화
어쩌면 팔공산은 순백의 숭고한 어머니의 품

바람과 소나무가 연탄하는 겨울 소나타는
얼었던 가슴에 한 송이 꽃이 피어나는 봄의 선율
풍금 소리 같은 하루가 서산마루에 흐르면
아쉬운 마음에 자꾸만 뒤돌아보는 팔공산 가슴앓이

한 줄기 바람이고 싶다

그대 그리운 날은
한 줄기 추억의 바람이고 싶다
할랑할랑 나비를 따라서
강변의 꽃들을 깨워 한들한들 흔들리는
꽃의 왈츠로 하루를 열고
햇살 고운 은빛강 언덕에서
학처럼 고결한 임의 목에 풀 목걸이 곱게 걸고
섬섬옥수 풀 꽃반지에
행복이 가득 흐르는 하늘빛 사랑
은빛강 언덕에 노을이 내리면
들꽃이 한들한들 배웅하는
당신과 나만의 행복의 꿈길을 걷는다
그 길엔 그리운 추억의 바람이 흐른다

그대 그리운 날은
한줄기 바람이고 싶다
들꽃을 벗삼아 별님을 벗삼아
그리움 태워 가슴에 젖은 세월
훌훌 비워 버리고 한줄기 바람이 되어

고운별이 되어 시를 쓰시는
그 고운 빛 따라서
그대 곁에 영원히 안주하고 싶다

채송화 연가

올망졸망 예쁜 마음들이 모여 사는
뜨락엔 고운 햇살이 비추고
소곤소곤 정겨운 웃음소리
작은 꽃들이 곱게 앉았다

어여쁜 얼굴을 들어
살포시 하늘에 입 맞추고
순수한 마음의 예쁜 꿈들이
나를 반겨 곱게 피었다

작은 그리움의 노래를
하늘빛 사랑의 노래를
하루의 짧은 연분이지만
마주 앉아 가슴의 노래를 듣고 싶다

곱디고운 꿈을 노래하는 꽃잎아
날개 아픈 벌이 쉬어가면
반겨주렴 내 마음이라고
너에게 향한 순수한 몸짓이라고

실바람 살랑이면
하늘빛 노래를 부르며
잠이 드는 꽃잎아
노을 지고 밤하늘 별빛 곱게 내리면
고운 꿈속에 소곤소곤 얘기꽃 피우자

복수초 사랑

시린 바람에 달빛도 옷깃을 여미는데
바스락 얇은 낙엽 이불을 덮은 너
하얀 설한에 임을 그리는
마음 같은 꽃이여

아슴아슴 떠오르는 그해
따스한 임의 차향이 감미롭고
시어들이 도란도란 얘기하는 겨울 이야기가
행복하고 포근하기만 했는데

돌아올 수 없는 인연의 사랑은
시린 하늘의 별빛처럼 흩뿌려지고
그리움의 송아리는 노을처럼 타올라
설한마저도 녹이는구나

쌓이고 쌓인 그리움의 열망은
한 송이 노란 꽃으로 호젓한 미소를 지으며
임 계신 곳으로 얼굴을 들고
구름 한 조각에 마음을 싣고

그리운 임의 곁으로 흘러가는
꿈꾸는 슬픈 꽃잎으로 설한에 홀로 앉은
내 마음 같은 꽃이여

달빛 애잔히

쓸쓸한 벤치에 바람은 아리고
임 향한 하나의 일념으로 떠나는
낙엽들의 피날레가 애잔히 흐르면
진종일 강변길 응시한 눈시울에는
그대를 향한 젖은 이슬의 날갯짓
살빛 낮달이 고개 내밀면
메마른 가슴에 요동치는 임의 모습
오지 않는 그대 기다리는
슴벅슴벅한 가슴은 아리고 아려
그대 기다리는 나의 습성은
노을빛 따라 등불을 밝히고
하얀 가로등이 되어갑니다
쓸쓸한 벤치에 달빛 애잔히 흐르면
그대 나에게 오시렵니까

감자, 感者

강변 바위 옆 조약돌에 꼬맹이들이
모닥불을 둘러싸고 옹기종기 앉아서 왁작지껄
삭정이 꺾어 태우는 몽기몽기 매콤한 연기
눈가에 눈물이 맺히고 입가에 씰룩씰룩 웃음꽃
앗 뜨거워 오물오물 작은 앵순 꺼멓게 색칠을 하고
호호호 연신 향기를 분다
몽실몽실 까만 껍질 속에 노릇노릇 익은 사랑은
한없이 따뜻하고 타박타박 부드러운 속살
녹는다 엄마의 품속 같은 고소하고 따뜻함이
익는다 저 노을 아래 사랑이

살빛 타고 흐르는 그리움

바람에 흔들리는 여린 마음은
푸름 하늘에 마음을 두고
바보처럼 흘러가는 구름에 한숨짓는다

그리운 사람의 추억이 묻어있는
은빛강의 하얀 벤치에는
구절초 희고 노란 빛깔이
바람에 흔들리어
내 마음 같은 가을의 화폭은
떨어져 뒹구는 낙엽처럼
애잔히 쌓여만 갑니다

풀벌레 울음소리 애잔한 가을밤
별무리 곱게 내려앉은 갈대숲엔
살빛을 타고서 흐르는 매양 그리운 사람
여린 속살을 헤집는다

달빛은 박속처럼 희어
그리움에 물들어가는 새벽녘

성당의 종소리는 이슬처럼
텅 빈 가슴을 적셔줍니다

대숲의 시

양지 뜸에는 대숲이
병풍 되어 노옥을 감싸고
대숲 앞 남새밭에는 노부부 푸른 이랑 속
자식 돌보느라 연신 땀방울 흘립니다

노을 뒤편 노부부 심심 위로하는
푸른 바람이 사그락사그락 불어오는
대숲을 걷습니다
멧새들의 아름다운 하모니가 대숲에선
우는 아이 달래는 자장가처럼
세파에 찌든 가슴을 푸르고 순수한 가슴으로
아름답게 정화해주네요

삶이 힘겨운 날 대숲에 가보세요
바람으로 귀를 맑게 씻는
푸른 스승임의 삶의 시를 배워봅시다

가슴을 열라하네
별과 달의 친구가 되라한

바람이 전하는 세상 이야기에 귀를 열라하네요

어쩌면 마디마디
푸르고 맑은 영혼의 뼛속 언어로
하늘에 대신 기도해주는 건지도
사르락사르락 울리는 푸른 향기
가슴에 가득 별이 쏟아지는 숭고한 울림입니다

나무의 언어

-연필

항상 누군가를 기다리는 것이 삶의 전부
살포시 손에 쥐면 너의 생명은 살아 숨을 쉬고
하얀 종이 위에 사각사각 왈츠를 추는 시인

희로애락 삶의 진솔한 표현을 함께한
항상 내 마음을 가장 잘 알고 있는 동반자
열정이 깊을수록 조금씩 짧아지는 애달픈 천명

흑연의 뼈대에서 봄날의 열정을 불사르자
나비처럼 흘러나오는 살아 숨 쉬는 흘림체의 미학
종이의 잎에 지우개의 꽃잎으로 쓰는 나무의 언어

빈집

배꼽마당에 깡충깡충 앙감질하는 참새들
털 깃을 곧추세우고 무섭게 째려보는 들고양이
개구쟁이 강아지 어미를 찾는 울음소리

참새는 놀라 멀리 날아가 버리고
들고양이 느릿느릿 원망의 눈초리로 지나가며
바람은 헤실바실 미소를 지으며 길을 떠난다

장독대 빈 항아리 속에 달빛 조용히 앉으면
청 댓잎 사그락사그락 일렁이고
꼬부랑 허깨비 할머니 지팡이를 짚고 걸어가네

월야등

고원한 말씀을 듣는 산사의 밤
낙엽마저도 떠난 나목의 월야등 하나
맨살을 들어낸 채 합장을 한다

달빛 조요한 밤에 공비는
쭈굴쭈굴 시린 바람에 얼어붙은
어머니의 손 같아 사무치는

적막의 밤에 홀로 등불 밝히며
사랑과 눈물 아린 세월을 보듬고
누구를 기다리나 어머니 품 같은

애련

호젓한 산방에 하루의 끝을 기대면
여린 밤바람 소리는
임의 숨결처럼 산방 창문에 스미어
잠 못 이루어 하얗게 지새울 때

새벽하늘에 초롱별 하나
임의 고운 눈빛 같아
아득하여 만날 수 없으니
그리움만 쌓이고 쌓여
범종에 잇대어 운다

댓잎 사이로 둥그런 쪽빛 달님
살포시 앉아 사색에 잠기면
달님 보듬고 흐르는 마음
임 계신 곳에 머물 수만 있어도
한 송이 앉은뱅이 꽃이 되어도 좋으련만

눈사람

하얀 꽃송이가 내립니다
눈으로 덮인 설백의 세상에
깔깔깔 호호호
꼬맹이들의 순수함처럼
하롱하롱 눈꽃송이들이
지천으로 내립니다
깔깔깔 호호호
작은 마음들이 러다닙니다
큰 사랑이 작은 사랑을 엇고
타다 남은 청솔자기 눈썹
동그란 단추 두 개 붙이며
빨간 모자를 씌우고 코트를 걸치니
아름다운 여인이 되었습니다
눈 그친 밤하늘은
별무리 찬란하고 달무리 더욱 고웁거늘
그녀 생각에 잠 못 이룹니다
시린 겨울에 고운 햇살은 따스하거늘
그녀는 이별의 눈물을 흘립니다
사르락 하얀 손수건 바람에 흔들리며

사르르 흔적 없이 사라지는 것이
임 같아
시린 겨울에 가슴은 더욱 아려옵니다

산사로의 여정

고요가 고요를 부르는 심산에는
바람이 안개를 가르며
오색 신비의 문을 열고
알록달록 잎사귀에 이슬은 빛을 안고
영혼의 미소를 짓는다

햇살에 비친 단풍의 고운 떨림은
가을의 서정을 채색하고
산사로 향하는 마음은 홍시처럼 익어
단풍과 한 빛깔을 이루며
나는 영혼의 오솔길을 자분자분 걷는다

산사는 알록달록 오색으로 물들어
가을의 품속에 호젓하게 앉아서
천년의 향기를 시로 쓰고
찻잔 가득 들국화의 고풍스런 향기는
가을의 정취를 담뿍 느끼게 한다

노승의 은은한 염불 소리는

가슴앓이 하는 단풍의 마음과
한 울림으로 애잔하고
서산마루에 오롯이 앉은 노을은
내 마음처럼
저무는 가을을 아쉬워한다

꽃무릇 한 송이

사찰엔 고요만이 흐르고
짝사랑 아린 가슴을 멍울 지우는
사미니의 청아한 염불소리가
가슴 저미는 산사의 애틋한 밤

임의 눈썹 같은 초승달이
애잔히 흐르면
그대 숨결 머물러있는
사찰의 뜨락엔
연모하는
처자의 애틋한 사랑이 꽃 넋이 되어
붉은 피로 치솟는 질곡의 밤

너의 피 끓는 치맛자락
태양보다 더 붉게 타올라
그대 그림자 이고픈
아리고 아픈 가슴
타오르고 타올라 재가 되어 가는
꽃무릇 한 송이

3부

산사의 뜨락에서

호수

소슬바람이 가슴 시리게 호수를 할퀴면
몸담은 낙엽들의 넘실거리는 흐느낌은
저무는 가을의 애잔한 몸짓
호수의 벤치엔 너울너울 갈대의 춤사위가
하얀 그리움을 부채질한다
그 시절 호수에는
한 쌍의 원앙이 물마루 위를 노닐고
청포도빛 사랑이 익어가는 푸른 물결의 속삭임
노을빛 물던 임의 고운 모습에
행복은 별빛처럼 가슴 가득 흐른다
그대 떠난 호수의 빈 벤치에 바람 소리 아리니
금빛 노을은 비처럼 흩뿌려지고
호수처럼 일렁이는 내 마음은
저무는 노을을 아쉬워하며
아련한 추억의 금빛 파광에 몸 담그고
가슴 가득 노을 따오는 호수여

원추리꽃

누구를 기다리나
햇살에 비는 그 순수는 애가 타
사슴처럼 고결한 자태로
눈시울 적시는 소녀

뜨거운 뙤약볕 머리에 이고
가녀린 허리는 열풍에 한들한들
너는 한여름의 열정을 품고
서러움의 춤을 추는 소녀

애가 타는 기다림의 사랑이 너무 아파서
텅 빈 가슴에 노란 그리움의 강물결
서산으로 기우는 해야
서러움의 춤을 추는 소녀의 마음을 아느냐

기다림만 아는 바라기 마음을
어둠이 밀려오면 오롯이 지고마는
애틋한 짧은 사랑
서러움의 춤을 추는 소녀의 마음을 아느냐

낙화

촉촉한 봄비 그친 날
엷은 새 화장을 하고
포근한 바람결에 나부끼며
살며시 다가옵니다
순백의 보드라운 살내음
담뿍 풍기면서
앙증맞게 내 마음을 훔칩니다
곰비임비 쌓인 우리의 사랑
활짝 만개하여
열흘 동안의 행복과 기쁨은
꿈결처럼 흘러가고
시린 바람결에 흔들린
짧은 사랑은
이별 눈물을 흘립니다
고요한 달빛을 품고
고결한 향기를 피우더니
애잔한 노래처럼
꽃비가 하르르 흩날립니다
서러워 마세요 서러워 마세요
짧은 사랑은

티끌 같은 밀알이 되어
충실한 푸른 별 하나
고운 꿈을 꾼다고

서러워 마세요 서러워 마세요
그대 하늘의 마음을 아시나요

들국화 · 1

사르르 피어나는 하얀 물안개
하늘 여행을 간다
외로워 자꾸만 들국화 보고
같이 가자 손짓하는 이른 아침

산마루 위의 햇살이
소담스레 나래 내리면
오롯이 앉은 하얀 가을의 청초함
10월의 아침을 향기로 밝힌다

난출난출 하늘빛 흔들림
시월의 그리움을 시로 풀어내고
향긋한 꽃향기 흩날리며
이슬처럼 다가오는
그냐의 청초함

그 향긋한 향기
바람의 나래에 실어
고기를 잡는 어부의 쪽배에 흐르면

메마른 가슴에 요동치는
살뜰한 임의 고운

들국화 · 2

돌 틈 사이로 살포시 내민 모습은
장미처럼 화사하지도
코스모스처럼 유연 하지도 않지만
꽃잎에 흐르는 우아한 기품은
해맑은 영혼의 미소로
별처럼 다소곳이 피었다

하얀 무서리 시린 마람에도
원숙한 사랑의 짙은 향기는
숭고한 어머니의 고운 품
별을 가슴에 품으라던
어머니의 지침서 같은
지혜의 꽃

은방울꽃

고즈넉한 산속
햇살이 물안개 거두면
촉촉한 물방울로 단장한
청초한 은방울꽃 곱게 피었다

아기 천사의의 방울처럼
살포시 내민 순백의 얼굴
싱그러운 아침 햇살에
생글생글 미소 짓는다

포근한 봄바람에
앙증맞게 흔들리며
열린 가슴에 청아한 향기는
맑은 종소리처럼 퍼진다

초록의 잎사귀 속에
대롱대롱 예쁜 마음들이
고운 꿈을 품고
행복한 하늘 여행을 간다

풀꽃 · 1

꽃단장 어여쁜 새악시 부푼 가슴처럼
산야에 오롯이 앉아 도란도란
손톱만한 꽃잎 바람결 나부끼며
쏟아지는 초롱 웃음 발길을 잡는다
아무도 찾지 않고
아무도 기억하지 않아도
밤하늘 별들과 친구가 되고
이른 아침 이슬을 품은
화사하면서도 청아한 아름다움
너를 보면은
잃어버린 내 자아를 찾고 싶다
빵빵대는 경적 소리는 싸움터 같고
홍수 같은 자동차의 물결은 암 덩어리 같아
아귀다툼 같은 삶 속에
지쳐버린 아픈 내 영혼
햇살처럼 미소 짓는 너를 보면
머리를 맑게 해주고 마음의 평화를 주네
미움과 증오가 없고 사심이 없는
정결한 나만의 모습으로

외로운 생 바람결에 나부끼다
고운 빛 내리는 밤이면
한 송이 풀꽃처럼 소리 없이 소천하고 싶다

풀꽃 · 2

그리움 가슴에 품고
화려하지 않고 소담스럽게 핀
수수하고 고아한 아름다움

아무도 찾지 않고
아무도 기억하지 않아도
바람에 수놓는 싱그러운 향내음

그리운 마음은 하늘에 닿아
저 하늘의 별빛을 품고서
아침 이슬 같은 그리움을 적신다

사람과 그리움만 간직한 작은 가슴
하늘빛 사랑 찾는 그녀
나의 사랑 그녀

산사의 호수

-은해사

천년 산사를 에돌아 졸졸졸 낮게만 지향하는
쌓이고 쌓인 꽃잎의 향기를 품고
맑고 투명하게 흘러내리는 득음의 꽃 향내음

투명한 호수엔 푸른 하늘의 흰 구름이 흐르고
소나무도 상수리나무에 앉은 멧새들도
그 맑음 속에 몸을 담그고 사색에 잠긴다

모두가 더욱 맑고 투명한 마음으로 비우면
바람은 솔향기 품고 호수를 어루만지고
물마루의 남실남실 윤슬은 영혼의 춤을 춘다

세속에 찌든 가슴은 호수길만 맴돌이
낮달은 티 없는 맑은 얼굴로
호수에 마음을 씻고 빛솔 같은 혜안을 품어라 한다

운부암의 노거수

아담한 연화지 위에 호젓이 앉은
천년의 산사에 햇발이 흩뿌려지고
청초한 솔향기는 세인들의 가슴을 적셔주며
멧새는 노거수 품에 고운 운을 노래한다
피고 지는 세월의 순환 속에 온 둥치가 패여
텅 빈 반쪽의 몸으로 새순의 별을 심었다
살아 애욕을 남기지 않는
저 맑은 물처럼 저 하늘처럼
순수한 마음으로 살라하네
모든 것 다 내어준 텅 빈 노거수의
숭고한 숨결 소리는 득음의 종울림처럼
심금을 울린다
맑게 채워지지 않는 마음이라면
숫제 모든 것 다 내려놓고
텅 빈 마음으로 맑게 채우라하네
초심의 마음으로 웅혼한 종울림 울려
비어 있는 존재의 중심이 되라고 하네
고목에 새순이 움터나듯
내일의 꽃씨 하나를 가슴 가득 품어본다

산사의 뜨락에서

고즈넉한 산사의 뜰에 가슴을 열고 앉으면
영혼이 자유로운 멧새들이 포르르포르르
다툼이 없고 미움이 없고 서로의 배려 속에서
햇살처럼 미소를 지으며 행복한 나래짓

햇살은 따스한 가슴으로 영혼을 울리는 댓잎의
텅 비어 맑게 채우는 청아한 향기의 가슴을 보고
댓잎은 햇살이 티끌 없이 자신을 태우며
밝은 마음으로 세상을 비추는 고결한 마음을 본다

표주박에 담긴 한 모금 물처럼 비웠다 맑게 채우는
가슴을 적셔주는 샘물 같은 사랑의 마음
푸르게 살아 그림자를 남기지 않는
저 순수의 하늘처럼 아름답게 채우고 싶다

청아한 임들의 소원의 한줄기 촛불처럼
깨끗한 소신공양의 아름다운 모습이고 싶다
고즈넉한 산사의 뜰에 가슴을 열고 앉으면
텅 비어 맑게 맥놀이치는 아름다운 범종소리

거동사

뜰에는 포르르 자유로운 영혼의 나랫짓
하늘 정원 산사에 애솔나무처럼 앉았다
아늑한 솔양의 울타리 호듯호듯 품고서

원탁엔 향긋한 사람들이 차를 다린다
별처럼 앉은 들꽃의 하늘빛 향내음
대웅전 꽃살문처럼 아름답게 스며든다

댓속처럼 비워 청아하고 말게 채우는
내면의 꽃이 피어나는 무심의 기도
은은한 풍경 소리는 서정으로 흐른다

아카시아꽃

하늘에서 꽃향기가 가득 밀려오고
두 눈을 감고 향긋한 그리움에 젖으면
감미롭게 피어나는 풋풋한 그날처럼
가슴은 기쁨으로 설렙니다

하얀 화관을 만들어 쓰고
향긋하고 수수한 목걸이에
아이가 되어 버린 당신의 푸른 미소는
생의 가장 아름다운 모습입니다

조그만 창가에 노을이 꽃잎처럼 지면
달빛 타고 흐르는 향기의 송아리는
달콤한 우리의 사랑처럼
방안 가득히 행복으로 적셔줍니다

언제나 5월이면 푸른 모태의 태동 속에
하얀 눈꽃처럼 고운 미소로 만개한 모습은
천년을 두고도 잊지 못하는
내 영혼의 감미로운 흔들림입니다

산사의 대숲 향기

가슴이 답답한 날에는 고즈넉한 산사의
대숲에 호젓이 앉아 가슴을 열어보세요

바람이 사그락사그락 귀를 씻고 우로에 몸을 씻는
맑은 달빛 별빛을 품은 하늘의 마음 같아서

마디마디 텅 빈 뼛속 언어로 기도하는
수도승의 영롱한 무소유의 마음 같아서

은은한 산사의 범종소리 벗삼은 맑은 물에 비친
푸른 잎새는 더욱 푸르른 영혼의 마음 같아서

그 고원한 마음들 온몸 가득 퍼지는 햇살처럼 품고
마음의 티끌마저 씻는 산사의 청아한 대숲의 향기

호박

못난 꽃이라 괄시 마세요
달빛을 받아 노란 꽃잎을 피웠지요
그냥 꽃으로 봐주세요
장미와 비교하지 마세요
나만의 수수한 향기가 있고
그윽한 꽃가루가 넘쳐나고 있어요

장미처럼 우아하지는 않지만
나만의 단정하고 복스러운 모습으로
밤에는 별님과 꿈을 키웠고
이른 아침에 이슬로 목을 축이며
벌과 나비의 노래 속에
만월 같은 복덩이의 꿈을 심었지요

꽃이 진 자리에 열매를 맺었어요
못생긴 호박이라고 놀리지 마세요
겉과 속이 다른 모난 사람보다
겉과 속이 같은 넉넉한 마음으로
노랗게 익어가던 열매로 기억해주세요
가끔은 덩굴째 굴러온 복덩이로 기억해주세요

맷돌

섬섬옥수 어처구니에 정을 주니
엇갈린 사랑의 재회는 운명의 굴레

상사화의 못 다한 사랑이 이러하리
견우와 직녀의 못 다한 사랑이 이러하리

툇마루에 앉아 한 서린 멍울을 풀어놓으니
못 다한 사랑의 맴돌이는 천둥처럼 울부짖는다

부서진 추억은 알알이 눈물처럼 떨어지고
아리고 아린 속앓이는 서리꽃이 만발했다

겹겹이 쌓인 그리운 마음 서산마루에 앉으니
외기러기 한 마리 구슬피 울부짖는다

군고구마

심술통 고추바람이 놀부처럼 거리를 휘저으면
황토의 고향에서 온 그가 더욱 그립다
투박하고 툭 튀어나온 앞뒤가 똑같은 몸
태생이 자유롭고 못생긴 건 나와 똑같아
너를 볼 때마다 놀리던
딸아이의 해맑은 미소가 꽃처럼 피어난다
화덕의 잉걸불 속에서 포속포속 익어가던 너
검게 탄 너의 옷을 벗겨 내면
까만 눈동자들이 별처럼 반짝이고
열기 속에서 노랗게 익은
너의 고소함과 달콤함에 아삭한 김치와의 조화
후후 호호 입가에는 꺼멓게 색칠을 하고
스르르 눈을 감는 행복한 미소
깔깔깔 하하하 서로의 얼굴을 보며 웃음을 짓는
낭만의 겨울밤은 별처럼 흐르고
너는 황토의 나라에서 온 날개 없는 행복의 요정

산

- 천년 은해사

소소한 달빛 낙화하면
여명의 하늘 아래
병풍인가 한 폭의 그림인가
바람이 가댁질을 하면
산너울 구름과 왈츠를 추네
은빛 바다에 거북이처럼 앉은
자비의 천년 산사는
벌써 고요의 품에서 깨어 불경을 펼치니
소승의 청아한 염불 소리는
범종의 나래에 실려
나물을 깨우고 멧새들을 깨우고 꽃들을 깨우고
모든 생명을 깨우고
산비탈을 타고 내리는
눈부신 아침 햇발은 광명의 빛이요
계곡의 졸졸졸 맑은 물소리는 득음의 소리요
산은 그 아름다움과 생명들의 조화로움이
맑은 영혼의 시를 쓴다
울퉁불퉁 침묵의 꽃은 가부좌를 앉아서
지친 산객의 마음을 무릎 위에 쉬게 하고

바람을 불러 세속의 찌든 때를
은은한 솔향기로 씻어준다
산은 허물없는 지기요 후일 내가 돌아올
어머니의 품 같은 고향이다

청자

고즈넉한 박물관의 여린 전등 불빛 아래서
구름이 유영하고 하이얀 학이 나래짓하는
비취색 옷을 입은
쇼 윈도우 광대처럼 앉은
그녀의 호젓한 한숨소리가 들린다
천년의 그리움을 안으로만 간직하며
바람이 전하는 달과 별들의 속삭임이 한창이다
우로에 몸을 씻은 꽃향기 솔향기도 풀풀난다
모태 황토 흙이 키워내는 풀잎이 청초하게 흔들린다
그리웁고 그리운 곡두여
그녀는
너무나 아름답고 고결한 몸이지만
바라만 볼 수밖에 없는
자유가 없는 사각의 유리상자 속
처연하게 아름다운 영어의 몸이로다
오늘도 그녀는 꿈꾸는 쇼윈도의 광대
흐름 없는 모래시계처럼 앉았다

소나무

온산에 휘어진 소나무는
그 누구와도 비교하지 않는
개성과 저마다의 그 자유분방함으로
가지마다 예리한 지혜를 피운다
우로에 몸을 씻는 영혼의 푸르름
그 정중함이 너무 일품인 나무
은은한 달빛도 솔가지 사이에 쉬어가며
영혼의 새 학의 쉼터가 되며
청아한 그 숨결은
모든 이들의 아픈 영혼을 치유한다
바람의 나래에 사랑의 음표 가득 싣고
마른 가슴에 솔향 가득 채워주는
자신의 모든 것을 나누어주는 사랑
소리 없는 사랑이 아름답다
없는 듯 늘 곁에 있는 그 한결같은 사랑
마른 가슴에 그림처럼 남아
하늘과 땅에 소원해주는
너는 정녕 의인이로구나

겨울 강가에 서면

은빛 강에 임의 입술처럼 붉은 햇살이
아침노을이 되어 흐르면
강물은 추억이 더해져
더욱 깊어만 가는 그리움의 맴돌이는
아픈 울음소리로 가슴을 휘젓습니다

겨울 강가에 서면
시린 하늘에 몽글몽글 피어나는 그리운 얼굴
손을 뻗으면 잡을 것 같은 아득한 거리
텅 빈 마음에 그리움만 쌓여갑니다
한 마리 날개 다친 물새는 내 마음 같아
물새의 눈 속에 어려 있는 내 그리움 한 조각
그대 가슴 속으로 날고픈 아린 염원이
물마루만 왔다 갔다 합니다

겨울 강가에 서면
나는 한 솔기 바람이고 싶습니다
후회 없는 바람이 정녕 부럽습니다
무엇이든 휘어잡는 바람이

나는 두 손이 있어도 떠나는 마음을 잡지 못해
후회의 속울음은 강물을 이루어
바람 소소한 은빛 강 나목이 되어 갑니다

겨울 강가에 서면
기억 속 빛나던 언약은 물안개처럼 사라지고
창창한 마음에 달빛 소소이 낙화하면
나는 영혼의 강에 조약돌로 오롯이 앉았습니다

딸과 행복한 가을 속으로

아침 햇살에 빠알간 사과
주렁주렁 고운 빛 머금고
싱그러운 사과향 하늘에 가득
난 행복한 가을에 젖어듭니다

청포도 익어가는 들판에
맑은 하늘을 이고 푸른 향기를 따라서
가을 소녀의 앙증맞은 손을 잡고
행복 속으로 걸어갑니다

바람하늘지기 춤추는 길섶엔
고추잠자리 실바람에 유연하게 나래를 펴고
성당의 종소리는 한들한들
코스모스처럼 유연한 춤을 춥니다

가을 햇살 또르르 창에 구르면
얼굴가득 하얀 웃음꽃 피우라
오색의 음표가 하늘하늘 춤을 추면
널 향한 내 사랑의 노래란다

밤하늘 아름다운 별처럼 빛나는 소녀야
별빛 곱게 내려 포근히 마음에 스며들면
가을처럼 맑은 고운 꿈을 노래하렴
향기로운 가을의 시를 쓰거라

4부

우시장 풍경

목련의 비가 · 1

해마다 당신이 오시길 기다립니다
목련이 피면 당신의 마음이라
잊지 말라던 언약의 맹세는
나목된 가슴에 그리움의 불을 지핍니다

하늘처럼 맑은 사랑의 꽃씨를 심고
서로의 마음에 고운 향기로
이슬 같은 마음으로 한평생 살다가
같이 잠이 들자던 언약의 꽃이 피었습니다

젖빛 순결 하얗게 만개했건만
왜 이리 눈물이 납니까
설렘 가득한 하늘에도 꽃은 피어나서
푸른 하늘도 서럽게 눈물을 짓습니다
아마도 당신의 눈물이겠지요

짧은 만남 긴 이별의 생에
목련은 또 지겠지요
나는 또 그대 기다리는 한그루 나목의 가슴

그대 없는 봄은 너무나 잔인하기에
부르다가 울부짖다가 혼절할지라도
그립고 그리운 당신 이름을 외쳐봅니다

그대여 보고 싶습니다
나의 호흡이 멈추는 날
짧은 생에 천년의 그리운 시간이었다고
진정 후회 없는 사랑이었다고
천상에서 재회하는 날 목련은 활짝 피겠지요

목련의 비가 · 2

그대와 함께한 시간은 아름답고 행복했습니다
세상을 우아한 미소로 불을 밝히더니
단아한 자태
내면의 고운 향기는 묵상의 심상으로
고결하게 사람의 마음을 안은
순백의 성스러운 꽃
어느 시린 달밤
가슴을 할퀴는 세속의 바람에
모감모감 돌아누운 누렇게 조각난 가슴
너무나 짧은 한생에 애처롭구나
타고난 숙명대로 살다간 짧은 사랑아
가슴은 서러움만 짙어갑니다
나의 사랑이 지고 있습니다
가슴에 기쁨으로 피었다
눈물로 이별을 하는 그대
나리는 슬픔에 가슴은 조각조각 나지만
소천은 숭고한 일인지라
담담히 그대를 보내렵니다
새봄에 그대 오시길 소원하는 묵상의 심정
성당의 종소리는 꽃비처럼 은은히 날립니다

겨울 새벽의 행복

새벽하늘엔 별꽃들의 송아리
마치 이른 아침 꽃잎 위의
이슬처럼 반짝입니다
아무도 밟지 않은 티끌 없이 순수한
고요의 평원에 살금살금 눈을 밟고
입가에 흥얼흥얼 노래의 맴돌이
그려보는 얼굴 하나 헤실헤실
영혼이 깨어나는 순수의 시간
이 시간이 너무나 좋습니다
고요한 어둠과 백설이 엷은 등을 켠
어둡지도 밝지도 않은 조화로운 시간
우리네 삶도 이러했으면 좋겠습니다
별의 노래 속에 여백으로 거닐어 보는
뽀드득뽀드득 소박한 행복의 소리는
은은한 성당의 종소리처럼
마음의 상념을 정화하는 행복의 소리
모두의 가슴에 기쁨의 샘물처럼
영원히 흘렀으면 좋겠습니다

가을 안의 주산지

고요의 품에 별의 노래가 흐르고
달빛 은은히 비추는
모태적 신비한 물결의 속삭임
하얀 물안개 신비의 문을 열고
여릿여릿 아침을 맞이한다

호수의 파수꾼 왕버들
고운 햇살의 부드러운 입맞춤에
굳은 몸 활짝 기지개를 펴고
맑은 이슬 머금은 하얀 숨결은
꿈꾸는 천년의 울림이어라

살랑살랑 너울지는 은빛 파광의 미소
고풍스런 옷을 지어 입고 나무들은
하느작하느작 옷을 지어 입고 나무들은
하느작하느작 손을 흔들며 걸어오고
그리움의 마음들이 호수에 오롯이 앉은
가을의 수채화

너울너울 고풍스런 춤사위에
산도 나무도 하늘도 호수의 품에 안겨
가을의 시를 노래하고
바람은 여백의 미를 수놓으며
내 마음은 맑은 호수의 품에
태고적 빛깔을 노래한다

가을밤은 그리움에 흐르고

사랫길에 허수아비 맥없이 널부러지고
휘이잉 날을 세운 바람이 날카롭게 몰아치면
다홍빛 노을은 대추처럼 떨어진다
귀뚜라미는
아기 소 찾는 어미 소의 애절한 목청처럼
가슴을 저미는 가을밤

동산 통째로 울어 젖어드는 질곡의 밤
숲은 오색의 속삭임으로 밤이 분주하고
임의 얼굴 같은 달이 부드러운 머리를 풀면
영혼으로 이어져 억새밭에 달은 흐르고
의지의 고요 안에 흐느껴 우는 달

모과

동화 속
혹부리 영감의 혹처럼
둥글넓적 울퉁불퉁
만추의 산자락에 웃으며 익은 너
빛 고운 햇살 안으로 농축해
튼실한 속을 가득 채웠다
세인들은 못생겼다고 놀리지만
영롱한 이슬에 온몸을 씻고
늘 튼실하고 단단한 몸매에
풍기는 고운 향기는
아버지의 은은하고 구수한
땀의 향기처럼 물씬 풍긴다

아버지 등처럼 잊혀지지 않는
세상에 가장 아름다운 결정체

초가을 소묘

키다리 코스모스가 고운 빛깔로
그리움에 흔들리고
풀벌레 울음소리에 엽신이 물들어가며
그리움에 물든 꽃들은
안으로 안으로 온 열정을 쏟아서
그리운 꽃씨를 맺었다

푸른 하늘은 그 빛깔 더욱 밝고
온통 쪽빛 바다를 품었다
맑은 가을바람에
동산은 순백의 물결
일렁이는 억새의 향연 속에서
그날의 흔들림이 기억나
하얀 억새 길을 걸으며
가버린 사랑을 잊지 못하는
가슴앓이는
하얀 서리가 맺혀갑니다

이 빛 고운 계절에
감은 익어서 빙그레 미소를 짓고

사과는 사랑의 빛깔 더욱 고운데
마음 한 자락 둘 곳 없는
빈 들녘 허수아비처럼
아린 가슴의 가을은
황혼녘 노을처럼
쓸쓸히 산마루에 걸렸습니다

어머니

당신 없는 세상은 상상하기도 싫습니다
항상 내편이고 든든한 울타리가 되어주며
세상에서 가장 친한 친구이자 연인
무엇보다 내가 태어난 포근한 모태
세월은 어쩔 수 없는가봅니다
허리는 핏기 잃은 버들가지처럼 휘고
머리는 잔설이 내려 세월을 이고
복사꽃처럼 곱던 모습은 아득하여
쭈글쭈글 주름진 잿빛 탈 모양
이제야 당신도 늙는다는 걸 알았습니다
이 밤 가슴이 너무나 아려옵니다
다 큰 자식 어두운 표정만 보여도
희미한 두 눈으로 어찌 아시는지
정화수에 촛불 한 자락 켜고
무릎이 저리고 굽은 허리 더욱 휘도록
빌고 또 비는 거룩한 모정
안으로만 간직해오신 거룩한 희생
이제야 알았습니다
꽃비처럼 내리는 당신의 숭고한 향기는

세상 어느 꽃향기 보다 더 고운 사랑의 향기입니다
주름진 두 손을 놓고서 돌아오는 길에
아침에 흔들리는 여린 꽃잎처럼 배웅하던
쓸쓸한 당신의 모습이 아슴아슴 떠ㅓ올라
가슴에는 이슬이 맺혀집니다

초승달은 내 마음처럼

은빛 강에 노을이 물들어가며
꽃잎은 꽃비처럼 내려와 마음을 적시네
연둣빛 버들가지에 앉은
원앙 한 쌍 다정한 밀어를 속삭이며
깃털 단장에 여념이 없다

가슴 깊은 곳에 조약돌로 앉은
해질녘 은빛강의 추억은
이끼만 푸르러 애잔하고
빈 가슴만 강마루에
먹빛으로 찰방찰방 부서진다

한 쌍의 원앙은 꿈을 꾸건만
내 임의 고운 자태와 온화한 미소
우수에 젖은 눈망울은 별빛 같아
아롱지는 눈물 속 그대 얼굴
슬픔은 차올라 목 놓아 불러본다

아련한 그리움 속으로 떠나간

사랑하는 사람아 그리운 사람아
그대 없는 은빛 강에
초승달 외로이
내 마음처럼 야위어간다

눈물꽃

탐욕의 그림자 길게 드리운 날
소들의 울음은 하늘에 닿고
순박한 농부의 찢어지는 가슴
바닷속마저도 갈라놓는다
구제역 이름마저도 역겨운
우리들 탐욕의 이름
진정한 참회의 눈물 없이
저 악어의 눈물처럼
능청맞게 시치미를 떼는
살생의 죄악죄악
하늘마저도 울부짖는다
눈물이 되어 떨어지는 노을
애잔히 애잔히 구덩이로 떨어지는
누런 등허리들의 눈물꽃 눈물꽃
도리어
가엾은 인간을 위하여 흘리는
영혼의 눈물꽃
별이 되어라 별이 되어라
널 위한 나의 기도

변산 아씨

-변산바람꽃

잔설의 에이는 듯한 바람의 심술 거세거늘
바스락 낙엽들을 밀치고 순수의 하얀 꽃별들
무엇이 그리워 그 고운 얼굴 잔설에 수놓았나
그 여린 자태로 하늘말 바라보니
텅 빈 가슴은 하얀 안개의 미로다
사랑했던 날들은 소리 없이 낙조한다
보일 듯 보이지 않는 임의 모습
눈물 속 피어나는 곡두의 애처로움이여
돌님 벨님 내 그리움의 끝은 어디인가요
물어보았지만 침묵의 메아리뿐
바람아 너는 아니 내 임은 언제 오시는지
변산 아씨 흰 치마 눈물만 가득하다

홀로 피었다 홀로 기다리다 홀로 사라지는
이슬 같은 꽃이여
미처 다 이루지 못한 내 사랑 같아
아씨 마음인양 내 눈에도 눈물이 가득하다

고운 빛 꿈자락

만삭의 희망품고
북두칠성 고운빛 꿈자락
염원하는 모정의 세월
하늘도 동화되었다

10월 사과 향기 품은
엄마 반 아빠 반 닮은
순결한 마리아의 미소
가슴 벅찬 아름다운 선율은
성당의 종소리처럼 영혼을 울린다

무럭무럭 건강하게 자라라
향긋한 꽃향기 무지개처럼 피어나고
나비는 나폴나폴 춤을 추면
행복한 세상으로 떠나보자
포근한 가을의 꿈길 아장아장 걸어보자

무럭무럭 건강하게 자라라
엄마 아빠는 늘 커다란 나무가 되어
아기와 함께하는 아름다운 세상
행복의 나래를 편다

옴살친구

노을은 서산으로 누워 고단한 피로를 풀고
가로등 둥그런 얼굴 불 밝히면
새우등 할머니 옴살친구 유모차에
하나둘 쌓이는 십원짜리 파지들
병든 굽은 등허리 자식처럼 가슴에 붙고
연신 식은땀을 흘리시며 넘나드는 황혼의 고개
도르르도르르 옴살친구의 두 바퀴는
새우등 할머니의 파릿한 숨결 소리
빵빵 네 바퀴 괴물의 욕지거리에
바람 빠진 자전거처럼 휘청이는 여린 몸
서로가 한 몸 되어 도르르도르르
워낭소리의 영화처럼 넘나드는 삶의 무게 소리
애달파 달은 구름 이불을 뒤집어쓰고 흐느끼며
칠흑 같은 어둠의 길을 가로등만이 깜박깜박
잼처 불 밝혀 그들을 위로한다

초롱별

정도를 잃어버린 한심한 사회
밝고 순수한 희망을 품었던
초랑초랑 반짝이던 별들이 집니다
웅혼한 아름다움으로 빛나야 할 초롱별들이
암흑과 고통 속에서 울부짖으며 떨어집니다
세월호야 왜 이다지도 빨리 세월을 역행해
통곡의 바다로 데려갔니
가슴이 무너지는 엄마별 아빠별 친구별에게
아무것도 할 수 없는 내 자신이
너무나 미워서 침묵의 가슴을 부여잡습니다
신이시여
어둠을 뚫고 솟아오르는 아침 햇살처럼
저 초롱별들을 굽어 살펴 주소서
그리고 별똥별처럼 우리 곁을 떠나간
초롱별들아
이제는 두려워 말고 영혼의 별빛을 품으렴
미안하구나 미안하구나
함께하지 못한 우리들을 용서하렴
하늘은 부끄럽게도 시리네요

살아있는 모든 것들의 가슴이 미어집니다
파도와 갈매기 소나무 위의 까치도
사고 공화국을 질책하며 정도를 잊지말라고
애달프고 가슴 아리게 울부짖네요

삼가 고인의 명복을 빕니다

조붓한 오솔길로

넓고 편한 신작로보다
친구야 조붓한 오솔길로 거닐어보자
우리도 한 송이 들꽃이 되어
정 그리운 들꽃의 친구가 되어주고
바람이 전하는 실록의 이야기에 귀를 열고
나폴나폴 한 쌍의 나비처럼
여유롭게 한 발 한 발 거닐어 보자

친구야 조붓한 오솔길로 거닐어보자
낙엽들이 꽃비가 되어 내리는 길
서로를 보듬고 영혼의 피날레를 준비하듯
우리도 항상 옆에서 서로의 등불이 되어
미소를 띄우며 영혼의 길을 거닐어보자

친구야 조붓한 오솔길로 거닐어 보자
아무도 밟지 않은 하얀 순백의 그 길에
편견과 미움 증오 모두 묻어두고
우정과 사랑의 발자국을 아로새기자
앞서 가지도 뒤따라오지도 마라
항상 옆에서 서로를 마주 보며
하늘의 부름이 있을 때까지 같이 거닐어보자

인연의 향기

꽃이 아름다운 이유는 혹독한 시련을 이기고
향기가 있든 없는 늘 온화한 미소로
존재의 꽃을 피워서 아름답습니다

꽃은 꽃으로 만 아름다운 것이 아니라
여린 꽃잎 하나하나 충실한 열매를 맺기에
꽃은 더욱 아름답습니다

우리들 만남과 헤어짐도
가식과 편견 이기심이 없는
저 꽃처럼 아름다웠으면 좋겠습니다

서로의 가슴에 한 송이 꽃을 심어봅시다
사랑과 행복 기쁨이라는 열매를 줄 것입니다
또한 인연의 고운 향기로 돌아올 것입니

잔디

나는 낮게만 살아요
때로는 밟히고 짓이겨져도
강인한 생명력으로
대지에 보금자리를 넓혀가는
낮은 세상의 희망이고 싶습니다

키 작아도 서럽지 않아요
태풍 부는 날에는 키 큰 나무는
가지가 찢기고
혹은 뿌리째 뽑히잖아요

눈보라치는 날에
키 큰 이들이
나목 되어 추위에 흔들리면
묵묵히 그들을 위해 기도하는
대지의 작은 요정이고 싶습니다

나는 쓸쓸한 이들의 친구지요
비바람 불면 우산이 되고

더운 날에는 그늘이 되지요
추운 날에는 따뜻한 담요지요

나는 잊혀져가는 존재보다는
잔잔한 음악처럼 흔들리는
푸른 바람이고 싶습니다

우시장 풍경

어스름한 미명 아래 영천 우시장엔
이별과 눈물 한숨의 흥정이 새벽을 연다

볏짚에 사료에 쇠죽 솔박솔박 끓여주시던
촌로 주인을 떠나가는 워낭소리 애절하다

어미 품 떠난 어린 송아지 커다란 눈망울에서
하염없이 눈물의 소나타가 흐른다

사료 값도 못 건졌다 키우면 적자다
우시장에는 한숨소리가 메아리친다

내 식구 같은 소를 내다 판 촌로의 눈에 어리는
서운함과 아쉬움이 술잔에 녹아드는 아침이다

눈물을 흘리던 소도 한숨 쉬는 촌로들도
밀물처럼 왔다가 썰물처럼 떠나는 우시장이다

눈물샘

가슴이 넓은 산은 눈물샘이 넓다
햇살이 서염을 더하는 여름에는
시원한 눈물샘 열어
저 차고 고고한 흰 물줄기로
목마른 한객의 갈증을 해소하며
구름과 바람이 몸을 담그고
한여름 오수를 즐긴다

가을은 단풍잎에 소롯이 내려앉고
시린 바람에 이별을 고하며
한 잎 한 잎 가지를 떠나는 생의 불꽃들
계곡은 가슴 저미는 울음의 행렬로
소에는 형형색색 비단물결로 남실남실
산은 가는 가을이 아쉬워 노을을 잡고
그렁그렁 눈물샘 가득 꽃비를 흘린다

한가위 풍경

고운 햇살 머금은 포도는
그리움에 터질 듯 부풀어
그 향기 더욱 짙어만 가고
대추는 가지마다 자지러지고
홍역처럼 점점 붉게 물들어 간다
한가위 고향은 튼실한 속을 채우며
그리움으로 익어만 간다
하늬바람 살랑이는 신작로엔
개미의 이동처럼 긴 자동차의 물결
고래 심줄보다 더 질긴 인연의 끈 부여잡고
그리운 어머니 형제들이 기다리는
옛 추억 고스란히 간직한 고향으로
모두가 달려간다
신작로는 뜨거운 정에 몸살을 앓는다

고향집 마당에는 고운 햇살 아래서
고추가 널부러져 있고
당신은 해바라기처럼 골목어귀만 바라보며
그리움에 젖어만 간다

모두 싫어하는 자동차 경적소리
오늘 만큼은
당신의 가슴에 흐르는
성당의 종소리처럼 맑게 들린다
할머니 쪼르르 달려와 안기는
손자의 귀여운 몸짓
그립고 그립던 피붙이
당신의 눈가는 어느새 이슬이 젖어온다
도란도란 정겨운 피붙이들의 이야기꽃
휘영청 밝은 보름달 보며
행복 한 접시 조상님께 축원하는
당신의 크나큰 사랑
한가위 전날 밤은 깊어만 간다

사랑

윤회의 강가에는 풀꽃들이
이슬을 머금고 별처럼 초롱초롱
봄바람 포근히 물결을 어루만지는
새봄에 그대 오시길 기다리며
복사꽃처럼 고운 꿈을 꿉니다
햇살 산란하는 물마루의 윤슬처럼
감미로운 해후를 그리며
조약돌처럼 오롯이 앉아
그대를 기다립니다
윤회의 강물에 아픔과 비련은
모두 흘려보내 버리고
새봄의 사랑을 기다립니다
그대여 풀꽃처럼 외로운 가슴에
아침햇살처럼 화안히 오소서
풋풋한 설레임을 기억하며
노을빛처럼 원숙한 사랑으로
저 황혼의 길로 마주보며
그대여 자분자분 걸어갑시다

호접란

따스한 햇살 아래서
유려한 곡선을 그리며
꽃대롱을 들어 올리더니
고운 빛깔의 문을 열었다

하이얀 드레스 곱게 입은
단정하고 맑은 너의 모습은
순수한 행복의 나비
그리웁고 그립던
내님의 화신이로구나

허수아비처럼 비어버린
아픈 영혼의 가슴에
이슬처럼 고운 미소로
하얀 행복의 나비가 되어
살포시 날아와
내 가슴에 머물러주렴
영원히

석양의 순천만

석양이 금가루처럼 흩뿌려지면
하늘 정원에 갈대의 노래가 흐르고
꼬마 게들의 숨바꼭질과
오동통 살 오른 짱뚱어의 몸짓에서
그리움과 사랑 고요함이 묻어
순천만은 살아 숨을 쉰다
철새들의 날갯짓에 나의 꿈은 나래를 펴고
호수는 너울너울 춤추는 금빛 물결의 평화
유연한 S라인 맵시에 향기로운 공간 순천만은
일곱 번의 소금 옷을 갈아입고
칠면초의 붉은 미소 머금고
영혼의 시를 쓰는구나
석양에 물든 한 폭의 수채화 속에
여백으로 뒹굴어버린 내 마음
바람아 석양녘 지는 노을 손잡고
순천만 아늑한 품속으로 자분자분 거닐어보자

감국

햇살은 결 고운 나무 사이로 흐르고
거니는 발자국 따라서 오소소 낙엽들이
길동무가 되어 가슴 아려오는 아침
쓸쓸한 계절에 그녀가 있어 행복합니다

태고적 빛깔은 한들한들 나부끼고
노란 그리움의 별로 송이송이 앉아서
청잣빛 하늘을 가슴에 품은 맑은 그녀는
청초한 나의 사랑입니다

애틋한 마음 가슴에 품어 안고서
햇살의 나래에 은은한 향기 날리며
맑은 종소리의 울림으로 환하게 미소짓는
내 영혼의 사랑입니다

쓸쓸한 계절의 향긋한 향기는
시린 가슴을 녹이는 마음의 안식 같은 꽃
마음은 어느덧 한 빛깔로 동화되어 가고
내 생의 빛깔도 그녀처럼 아름다웠으면

작품해설

메타포 시,
알레고리 시,
이미지즘 시의 생산

김순진(문학평론가 · 고려대 평생교육원 시창작교수)

메타포 시, 알레고리 시, 이미지즘 시의 생산

김순진(문학평론가 · 고려대 평생교육원 시창작교수)

김상만 시인은 농부다. 그는 영천에서 여러 가지 농사를 짓고 있다. 그러나 그는 그냥 농부가 아니다. 농사를 지으며 시를 짓는 두 가지 일을 훌륭하게 해내시는 시인 농부다. 그와 통화해본 사람이라면 누구나 느끼는 감정이지만 그는 정말 마음이 선한 농사꾼이다. 그는 일에 마음이 설렌다. 일하는 게 좋다. 그래서 그가 수확한 농산물은 이웃과 나누어 먹는다. 젊은 그가 어떻게 그렇게 훌륭한 마음의 밭을 갈 수 있었을까? 지난해 말 부산에 살고 있는 이화엽 시인에게서 전화가 왔다. 시인 한 사람 스토리문학으로 추천해줄 수 있느냐는 일종의 청탁이었다. 전화를 받으며 나는 반신반의했다. 시골에서 농사를 짓는 사람이라니 우선 마음이 선할 것 같아서 반가웠다. 그러나 제대로 된 시적 훈련을 받지 않은 분의 시라고 생각하니 그냥 시골젊은이가 시를 좋아하는 수준이거니 생각했다. 그러나 우편으로 보내온 시를 받아들고 깜짝 놀랐다. 이것은 기호의 수준이 아니라 중앙문단에서 오랫동안 글을 써온 시인들과 견주어도 손색이 없는 수준이었기 때문이다. 그가 다루고 있는 언어들은 단순한 신변잡기나 음풍농월을 넘어서 본격문학에 도달해있었다. 일상에서 얻어낸 그의 시는 우리를 채찍질하고 뒤돌아보게 하고 웃게 하여 결국 우리를 시 속에서 자유롭게 살아가도록 방생했다. 그리고 그 자신도 시 속에 스스로를 놓아주어 자유롭게 방생되었다. 그는 여러 사람들과 나누어 먹으라고 자주 농산물을 사무실로 보내온다. 그러면 나는 스토리문학의 행사나 문우들과 나누어먹으며 그의 이름을 입에 올린다. 농사는 정말 재미있는 장사다. 콩 한 알을 심어도 수백 알의 콩이 나오고, 볍씨 한 알을 심어도 수백 알의 벼이삭이 맺히며 옥수수 한 알을 심으면 보통 옥수수 세 토성이가 열리는데 한 토성이에 300알씩 무려 1,000알 정도의 옥수수가 생산되니 농사보다 많이 남는 장사는 없다. 농사는 사람과의 약속이 아니라 땀 흘린 만큼 거두는 땅과의 약속이라 절대 속는 법이 없다. 그런 농사법을 아는 김상만 시인이 쓴 시니까 김상만 시인의 시가 우리를 속이는 법이 없을 것은 자명한 일이다. 그러면 이쯤해서 김상만 시인의 시세계를 여행해보자.

갈색의 모자를 쓴 갈대는
은빛 강 화폭에 사르락사르락 습작을 한다
이른 아침에 너울너울 피어나는 물안개는
울음 우는 강의 슬픔으로 화폭 속을 흐르고
잠을 깬 철새들이 몸단장으로 찰방찰방 부산하면
안개는 너울대는 긴 머리 날리며 하늘 여행을 간다
금빛 물비늘 반짝반짝 채색되는 춤사위
아침 햇살이 소담스레 산비알로 나래짓하면
강 언덕 아담한 노옥에 피어나는 하얀 연기는
초로의 노인이 쇠죽 솔박솔박 끓이는 구수한 향기

모든 꽃들은 분신인 씨앗을 묻고 영원의 잠에 들고
노옥 옆 양지바른 담장 밑에는
들국화만이 무서리 시린 바람에도 청초하게 피어
그 향기 더욱 짙어 화폭을 향긋한 향기로 채색하고
석양 무렵 느릿느릿 황소의 걸음걸이에
참새들이 조롱되며 누런 등위에 올라타고
고향의 서정이 산마루 노을빛 따라 채색이 된다
노옥 옆 은행나무 무성하던 별들은 별똥별되어
소롯길은 노란 그리움의 길로 단장을 하고
나목이 되어 가는 은행나무엔 노란 별 하나
팔랑거리는 사유 한 조각은 더욱 애잔하며
나는 여백의 길로 노란 별 닮은
꼬맹이 손을 잡고서 달마중 나간다
아린 바람 한 줄기 마지막 별 하나 흔들어대면
별똥별 되어 갈대의 손에 떨어지고
갈대는 화제를 쓰고
가을의 화폭에 낙관을 찍는다
갈대의 가을은 별똥별처럼 잠이 든다

－「갈대의 낙관」 전문

김상만 시인은 사물을 사물자체로 보지 않는다. 김상만 시인에게 있어 사물은 사람이며 사람은 사물이 된다. 그래서 그의 사물들은 끊임없이 이야기하고 사고하며 주변의 사물들에게 말을 걸어서 스스로가 생장하고 유기적 관계를 맺어나간다. 시인에게 있어 갈대는 작가가 관찰하는 피상이 아니라 스스로가 갈색 모자를 쓰고 화폭에 그림을 그리는 화가가 된다. 그래서 갈대는 스스로 생명력을 지녔으므로 자유로워진다. 한번 생명력을 지닌 갈대는 주변의 사물을 관장한다. 마치 우리들이 이웃 사람을 불러 차를 나누고 음식을 나누는 것처럼 갈대는 지나가는 강물뿐 아니라 철새나 황소와 참새와 노을과 은행나무까지도 서로 조력자의 관계를 맺으며 마치 화가가 그림을 그리듯 주변과의 관계를 색칠해간다. 이 시는 시인의 눈이 얼마나 넓은 세계를 바라볼 수 있느냐를 잘 보여주는 시다. 갈대가 은빛 강 화폭에 습작을 시작하는 동안 물안개는 '울음 우는 강의 슬픔으로 화폭 속을 흐르고' 철새가 몸단장을 하는 사이에 안개는 '긴 머리 날리며 하늘 여행을 간다' '아침 햇살이 소담스레 산비알로 나래짓하면 / 강 언덕 아담한 노옥에'는 하얀 연기가 피어나고, 초로의 노인이 솔박솔박 쇠죽을 끓이면 '양지바른 담장 밑에는 / 들국화만이 무서리 시린 바람에도 청초하게 피어'난다. 그 때쯤 황소 한 마리 느릿느릿 외양간으로 돌아오고 참새들은 황소의 등에 타서 마치 어린 아이가 소의 잔등에 타고 집으로 돌아오는 듯한 '목우귀가牧牛歸家' 풍의 그림이 그려진다. 아마도 시인이 사는 집 옆에는 은행나무 한 그루가 있는 모양이다. '무성하던 별들은 별똥별되어' 은행잎처럼 지고 시인은 어린 아들의 손을 잡고 달마중을 나간다. 이에 비로소 갈대는 '화제를 쓰고 / 가을의 화폭에 낙관을 찍'어서 갈대가 그리는 그림은 완성이 된다. 김상만 시인의 시에 있어 또 한 가지 주목해야 할 점은 남들이 쓰지 않았던 의성어 의태어의 채택이다. '사르락사르락 습작'하며, '찰방찰방 부산'을 떨거나, 쇠죽을 '솔박솔박 끓이는' 등 그간 우리가 사용했던 '시냇물은 졸졸졸졸, 시골버스는 덜컹덜컹, 워낭소리가 딸랑딸랑' 같은 관습된 의성어

의태어에서 탈출하여 그만의 언어습관을 자연스럽게 시에다 도입하고 있다.

햇살 좋은 봄날
꼬맹이 손잡고 재래시장에 나들이를 갔다
김씨 아저씨 과일 트럭엔
딸기 참외 온갖 과일이 봄마당에서 구슬치기하며 놀고 있다
야채 좌판엔 달래 냉이 미나리
온갖 봄나물이 봄을 끌어당기느라 팽팽하다
이씨 아저씨 노처녀였던 큰딸이 올 봄에 시집을 갔다
박씨 아주머니네는 예쁜 황송아지를 낳았다
최씨 아주머니는 박사 사위를 봤다
아낙네들 삼삼오오 수다가 아지랑이처럼 아른거린다
모퉁이 두부장수 할머니 이마는
오뉴월 하루갈이 밭처럼 고랑 깊다
손두부 한 모 사려고 하니
아이가 예쁘다며 덤으로 한 모를 더 주신다
대형마트는 아무리 물건이 좋고 싸도
할머니의 인심은 팔 수 없을 것
돌아와 오늘은 할머니의 두부와 냉이를 넣은 된장국을 끓인다
자글자글 낮에 재래시장에서 들은 소식들이
녹음기를 틀어놓은 듯 한꺼번에 들린다
멀리 봄의 기적소리가 들린다

–「재래시장」 전문

이 시에서도 꼬맹이가 나온다. 이는 시인의 아들로서 지금은 그가 고등학생이 되어 있다. 시인의 가족이 시에 자주 등장한다

는 것은 그가 얼마나 가정을 소중히 여기느냐를 여실히 보여주는 예라 할 수 있다. 그는 가정을 소중히 여길 뿐만 아니라 이웃과도 깊은 정을 쌓으며 돈독히 살아간다. 시인에게 있어 어느 한 사람도 정답지 않은 사람은 없고 긍휼하지 않은 사람은 없다. 어느 '햇살 좋은 봄날' 꼬맹이의 손을 잡고 나선 재래시장을 함께 구경해보자. 김씨 아저씨 과일 트럭엔 딸기 참외 등의 온갖 과일이 '봄마당에서 구슬치기하며' 스스로 논다. 그의 시에서는 어느 것 하나 가만히 앉아있는 주인의 손길을 기다리고 있는 '꾸어다 놓은 보릿자루'는 없다. 모든 것이 스스로의 생각을 가지고 움직인다. '야채 좌판엔 달래 냉이 미나리' 등의 '온갖 봄나물이 봄을 끌어당기느라' 여념이 없다. 봄바람에 밀려온 나물이 아니라 봄을 끌어당기는 봄나물이라니? 시인이 가지는 능력의 한계는 어디까지인가? 시인은 창작을 하는 사람이다. 여기서 창작의 의미를 되새겨 보자. 창創이라는 말은 나로부터 비롯된다는 말이다. 따라서 창이라는 말을 쓸 수 있는 사람은 창조주와 작가뿐이다. 나머지는 모두 비슷비슷한 물건을 만드는 제조일 뿐이다. 책상을 만드는 일도, 컴퓨터나 휴대폰을 만드는 일도, 신발이나 옷을 만드는 일 등은 모두 제조업의 일종이다. 제조업은 여러 개의 물건을 데이터에 의해 똑같이 생산해낸다. 그러나 작가의 글은 어느 것 하나 똑같이 쓸 수 없다. 남의 글과 똑같이 쓰게 되면 나중에 쓴 사람이 표절로 손해를 볼 수 있으며 자신의 글을 똑 같이 써먹는다면 그 또한 자기 표절로 독자들에게 금방 외면을 받게 된다. 이 시를 다시 한 번 들여다보자. 재래시장의 사람들은 그에게 모두 스토리텔링의 대상이다. 시인이 볼 때 "이씨 아저씨 노처녀였던 큰딸이 올 봄에 시집을 갔다 / 박씨 아주머니네는 예쁜 황송아지를 낳았다 / 최씨 아주머니는 박사 사위를 봤다"는 아낙네들의 수다는 재래시장 좌판에서의 가장 인기 있는 물건이다. 어린 아들의 손을 잡고 시장구경을 다니다가 '손두부 한 모 사려고 하니' 할머니는 '아이가 예쁘다며 덤으로 한 모를 더 주신다' 얼마나 아름다운 재래시장의 풍경인가? 집에 돌아와 오늘 사온 두부와 냉이를 넣고 된장국을 끓이자 낮에 들었던 재래시장의 소식들이 '녹음기를 틀어놓은 듯 한꺼번에 들'리고 멀리 봄을 이끌고 오는 기차의 기적소리가 들린다고 시인은 말하고 있다.

그대는 민첩한 강의 전사
황갈색 얼룩무늬 군복에
전사의 상징인 청색 점
방추형 유연한 몸매에 긴 지느러미
매서운 두 눈 시퍼렇게 부릅떠
늑대에 견줄 만한 강인한 부성애
바위틈에 분신인 알을 지키느라
주린 배 움켜잡은
낡은 군복에 줄어드는 허리
매일의 새벽부터 별이 총총한 밤까지
목숨 바쳐 싸우는 투혼의 전사
어느 햇살이 눈부시게 물속을 비추는 날
바위틈에서 톡톡 희망의 꽃이 피어나면
강가는 생명의 숨결로 가득하고
기진맥진한 전사의 동그란 눈에
고행자 이슬 같은 눈물꽃이
은빛 파광처럼 반짝입니다

나는 강가에서 삶의 스승 같은
얼룩무늬 전사의 숭고한 사랑을 배워봅니다

－「꺽지는 추억을 꺾지」

어린 시절 앞개울에서 '꺽지'를 잡은 적이 있다. 꺽지는 우럭처럼 등지느러미에 가시가 돋친 1급수에만 사는 물고기인데 지금은 멸종 위기에 처해진 물고기다. 흔히 시를 쓰려면 세 가지를 잘해야 한다고 말한다. 많이 읽고 많이 생각하고 많이 쓰는 것이 그것이다. 거기에 필자는 세 가지를 더 보태고 싶다. 사물을 잘 관찰하고, 사물에게 잘 말 걸며, 사물이 해주는 말을 잘 받아써야 한다는 말이 그 말이다. 그런데 김상만 시인은 꺽지라는 물고기를 잘 관찰하고 꺽지가 심심치 않도록 잘 말을 걸며, 꺽지가 해주는 말을 잘 받아쓰고 있다. 사람들은 필자에게 시를 잘 짓는다고 말하는데, 그것은 틀린 말이다. 나는 시를 잘 짓는 게 아니라 잘 받아쓰는 사람이다. 자연이 주는 말, 자연의 모습을 잘 관찰해두었다고 그대로 받아쓰는 것이다. 김상만 시인도 그런 받아쓰기 능력이 출중한 시인이다. 초등학생으로 말해면 '참 잘했어요' 도장을 세 개쯤 받을만한 사람이다. 우선 시인의 눈에 꺽지는 '민첩한 강의 전사'로 보였다. 한 번 그렇게 보여지니 꺽지의 이야기를 군인이야기로 끌어가는데 힘이 들지 않는다. 꺽지의 외모에서나 내면에서 군인의 특징만 꺼내면 시는 쉽게 쓰여짐을 시인은 잘 알고 있다. 우선 꺽지의 외모에서 군인을 보아낸다. 그리고 그 내면을 들여다보며 군인이 가져야할, 겪을 만한 이야기들을 꺽지를 통해 이야기하면 좋은 시짓기는 완성된다. 시를 처음 쓴 사람들은 산의 춘하추동을 다 넣으려 한다. 산의 등산로 입구부터 중간, 정상, 그리고 되돌아 내려오는 길까지 모두를 넣으려 한다. 그렇게 쓰면 좋은 시에서는 일단 멀어진다. 시라는 것은 그 순간 떠오르는 한 가지를 줄기차게 밀고 나가서 한 가지의 이미지를 만들어내는 작업이다. 그렇다면 시인이 꺽지를 통해 한 군인의 늠름한 모습을 읽어낸 것은 지극히 칭찬받아야할 능력이다. 나도 어린 시절 앞개울에서 꺽지를 잡던 추억을 되돌아보며 추억을 꺾어본다.

지난 가을, 이가 시려 치과에 갔다
작은 주사바늘에도 포클레인이 집을 부수는 듯 몸이 움찔한다
강아지처럼 꼬리 내린 애교에 간호사가 빙그레 웃는다
흰색 가운이 잘 어울리는 훤칠한 의사선생
양치질은 꼭 하셔야 해요
물은 미지근하게 잡수시구요
내 입안을 들여다보더니 처방전을 내준다
날마다 수십 명의 구린내를 들여다보는 인내가 존경스럽다

이는 음식물을 열심히 갈고 부수지만
몸에게 모두 빼앗기고도 공치사하지 않는다
조금의 음식물마저 칫솔질로 깨끗이 닦아낸다
누렇든지 하얗든지 틀니든지 빠진 이든지
언제나 자신을 드러내놓고 웃는 치아
과연 나는 이빨처럼 자신을 당당히 드러낼 수 있는가
입처럼 언제나 구린 속내를 당당히 보여줄 수 있을까

동네 모퉁이를 돌아가는데 밤나무에서

밤톨 한 알이 뚝 떨어진다
빠진 이로 호방하게 웃고 있는 저 노인

―「치과에서」 전문

어느 정도 나이가 든, 중년 이상의 사람이라면 대부분 이앓이를 해본 경험이 있을 것이다. 아니면 스케일링을 하러 치과에 가본 경험이 있을 것이다. 전동기계가 치석을 깎아낼 때의 느낌은 지금 생각해도 몸서리가 쳐진다. 김상만 시인도 이가 시려서 치과에 가서 치료를 받았나 보다. 시인은 이 단순한 경험을 육화하여 자신의 반성을 도모하고 있다. 필자는 시의 창작법 중 몇 가지 방법을 가르치고 장려한다. 묘사심상법, 관찰심상법, 성찰심상법, 상상심상법 등이 그 방법이다. 이 시는 성찰에 관한 시다. 많은 시인들이 이 성찰심상법을 채택하여 효과를 거둔다. 지금 나는 김상만 시인의 시를 읽으며 적이 놀라고 있다. 무릎을 치고 있다. 어떻게 농사짓는 시인이 이렇게 사유 깊은 시를 쓸 수 있었을까 혀를 내두르고 있다. 아무리 돈이 좋다지만 '날마다 수십 명의 구린내를 들여다보는' 치과의사 선생님의 인내가 나도 존경스럽다. 아무리 열심히 음식물을 갈고 부수어도 이는 몸에게 음식물을 '모두 빼앗기고도 공치사하지 않는다'고 말하는 시인의 성찰에도 공감이 가지만 '누렇든지 하얗든지 틀니든지 빠진 이든지 / 언제나 자신을 드러내놓고 웃는 치아'의 당당함을 읽어낸 시인이야말로 당당해 보인다. 게다가 "동네 모퉁이를 돌아가는데 밤나무에서 / 밤톨 한 알이 뚝 떨어진다 / 빠진 이로 호방하게 웃고 있는 저 노인"을 읽으면서 나는 그만 웃음을 터뜨리고 말았다. 그의 시가 관찰과 성찰을 넘어서 해학에 이르고 있는 장면을 연출하고 있기 때문이다.

촉촉한 대지에 뿌리를 굳건히 내렸다
하늘 향해 가지를 곧추세웠다
선분홍빛 수줍은 꽃이 피었다
나비와 벌은 행복한 단꿈을 꾼

조물주의 마음을 토씨 하나 안 틀리고
복사한 것이다

– 「복사꽃」 전문

이 시는 아포리즘에 가까운 단 6행의 짧은 시이다. 그럼에도 시인은 충분히 할 말을 다 하고 있다. 시인은 유심히 복숭아꽃을 보고 있다. 우선 촉촉한 대지에 굳건히 뿌리내린 모양과 하늘을 행해 가지를 곧추세운 모양은 자신이 닮고 싶은 모양이다. 누구나 그렇겠지만 김상만 시인 자신이 아직도 방황하고 있음을 안다. 그래서 시의 뿌리를 굳건히 내리고 시의 가지를 하늘 향해 마음껏 펼쳐보고 싶은 것이다. 그리하여 선홍빛 시꽃을 피워보고 싶은 것이다. 자신의 시꽃으로 벌 나비의 독자를 불러 모으는 단꿈을 꾸고 싶은 것이다. 이제 이 시집을 통해 그는 시인으로서의 뿌리를 굳건히 내리게 되었고, 하늘을 향해 시의 팔을 마음껏 펼칠 수 있었다. 그리고 선홍빛 시꽃을 피워 뭇 독자들을 불러모을 수 있게 되었다. 복사꽃이 '조물주의 마음을 토씨 하나 안 틀리고 / 복사한 것'처럼 그도 복사꽃을 통해 시인의 마음을 복사해낼

수 있게 된 것이다

강변 바위 옆 조약돌에 꼬맹이들이
모닥불을 둘러싸고 옹기종기 앉아서 왁작지껄
삭정이 꺾어 태우는 몽기몽기 매콤한 연기
눈가에 눈물이 맺히고 입가에 씰룩씰룩 웃음꽃
앗 뜨거워 오물오물 작은 앵순 꺼멓게 색칠을 하고
호호호 연신 향기를 분다
몽실몽실 까만 껍질 속에 노릇노릇 익은 사랑은
한없이 따뜻하고 타박타박 부드러운 속살
녹는다 엄마의 품속 같은 고소하고 따뜻함이
익는다 저 노을 아래 사랑이

- 「감자, 感者」 전문

강변의 바위 옆에서 꼬맹이들이 모닥불을 둘러싸고 앉아 감자를 구워먹고 있나 보다. 그 풍경이 김이 모락모락 나는 구운 감자, 입가에 숯검정을 묻힌 아이들, 몽기몽기 올라가는 연기보다 맛있다. 중학교 국어책에서 콩서리를 해서 나는 '얌얌'하고 먹을 테니 너희들은 나무로 바닥을 두들이며 '범버꾸범버꾸'하며 먹으라고 했다던 구절이 연상되는 시다. 지금이야 주전부리감이 흔해졌지만 우리가 자랄 시절에는 고작해야 엿장수에게 헌책이나 헌 고무신을 주고 엿으로 바꿔먹는 것 외에는 감자, 고구마, 무, 옥수숫대 등을 서리해다 먹는 것이 군것질감의 전부였던 것을 생각해보면 요즘의 아이들이 부러울 만도 한데 결코 부럽지 않은 이유는 무엇일까? 우리는 돈을 주고도 살 수 없는 추억을 가졌기 때문이다. 화롯불에 감자를 묻어놓게 잠이 들었다 깨어보니 새카맣게 숯이 된 일, 남의 집 왜무를 뽑아먹다가 들켜 주인이 소리를 지르면 고무신을 벗어들고 달아나던 일, 학교서 돌아오던 길에 옥수숫대를 꺾어먹다가 껍질에 입을 베던 일, 눈이 하얗게 내리는 겨울날 뜨끈뜨끈한 방에서 민화투를 치고 윗목에 수수깡으로 된 고구마 둥치에서 고구마를 꺼내 깎아먹던 일은 돈으로 살 수 없는 아름답고 값진 추억이다. 초등학교 2학년부터 중학교 2학년까지 약 7년 동안에 가지는 추억은 평생 먹고 남을 마음의 군것질감이 된다. 지금 강변 바위 옆에 있는 꼬맹이들은 그 추억을 만들고 있는 중이다.

고즈넉한 산사의 뜰에 가슴을 열고 앉으면
영혼이 자유로운 멧새들이 포르르포르르
다툼이 없고 미움이 없고 서로의 배려 속에서
햇살처럼 미소를 지으며 행복한 나래짓

햇살은 따스한 가슴으로 영혼을 울리는 댓잎의
텅 비어 맑게 채우는 청아한 향기의 가슴을 보고
댓잎은 햇살이 티끌 없이 자신을 태우며
밝은 마음으로 세상을 비추는 고결한 마음을 본다

표주박에 담긴 한 모금 물처럼 비웠다 맑게 채우는
가슴을 적셔주는 샘물 같은 사랑의 마음
푸르게 살아 그림자를 남기지 않는
저 순수의 하늘처럼 아름답게 채우고 싶다

청아한 임들의 소원의 한줄기 촛불처럼

깨끗한 소신공양의 아름다운 모습이고 싶다
고즈넉한 산사의 뜰에 가슴을 열고 앉으면
텅 비어 맑게 맥놀이치는 아름다운 범종소리

– 「산사의 뜨락에서」

김상만 시인의 종교는 불교이다. 그래서일까? 그의 시 여러 곳에서 불교적 색채가 드러나 있다. 그렇지만 그는 자신의 종교적 색깔을 외부에 드러내지 않는다. 다만 마음으로 부처님을 따르고 모실 뿐이다. 그는 농사지은 것을 자주 절에 시주한다. 그래야 자신의 일이 잘 된다고 믿는다. 필자는 그의 그런 마음이 그를 순수하게 농부답게 시인답게 만드는 것이 아닌가 하는 생각을 해본다. 신앙은 사람을 유순하게 만든다. 반성하게 만든다. 죄짓지 않게 한다. 그는 불교를 통하여 반성하고 베푸는 기회를 삼는다. 그래서일까? 그를 만나면 어쩐지 부처를 닮았다는 생각을 해본 적이 있다. 우리가 불교에 귀의하는 가장 중요한 이유는 깨달음을 얻기 위함이다. 깨달음이란 무엇일까? 사람이 사는 방법일까? 길을 찾아가는 방법일까? 그가 말하는 '표주박에 담긴 한 모금 물처럼 비웠다 맑게 채우는' 것이 깨달음일까? '텅 비어 맑게 맥놀이치는 아름다운 범종소리'는 깨달음의 소리일까? 부처님은 보리수나무 아래서 깨달음을 얻고 '천상천하유아독존天上天下唯我獨尊'이라고 하셨다. 이 말은 '세상에는 오직 나만이 존재한다'고 했으니 이는 독불장군獨不將軍이라는 뜻이 아니라 내가 사는 세상 모든 것은 내가 만든 업이요 내가 해결해야 할 업이니 누구에게 도움을 받을 수도 누가 해결해주길 기대할 수도 없는 노릇이므로

나 스스로 살아가야한다는 말일 것이다. 이제 김상만 시인은 스스로 살아가고 있다. 스스로를 표주박이라 여기고 '한 모금 물처럼 비웠다 맑게 채우'고 있다. 스스로를 속이 빈 범종이라 여기고 아름답게 맥놀이치고 있다.

이상에서처럼 시 몇 편으로 김상만 시인이 어떤 생각을 가지고 세상을 살아가는가를 주마간산 격으로 들여다보았다. 여기서 필자는 김상만 시인의 시를 통해 본 몇 가지 특징을 말하려 한다. 첫째, 그는 사물의 이치에 순응하고 있다. 그는 꽃이 피고 시내가 흐르고 계절이 바뀌고 새가 나는 이치에 대하여 '나는 왜 이렇게 나이를 먹어가는 거야, 왜 일이 잘 안 되는 거야'라고 반항하지 않고 눈을 뜨면 태양이 떠오르고 있음에, 저녁이 되면 어둠으로 하루의 노고를 내려놓을 수 있음에 감사하고 있다. 두 번째, 그는 농사를 짓고 있다고 해서 감자, 복숭아, 바랭이, 호미 등 자연에 근접한 사물만을 시제로 채택하고 있는 것이 아니라 그가 관심을 두는 것은 인간의 내면세계이며 결국 우리 시가 취해야 할 것은 시를 통한 자기구원으로 자연이나 사물을 통해 반성과 성찰을 도모해야 한다는 점을 잘 알고 있다. 세 번째로 그의 시는 중앙문단에서 요구하는 현대적 시감각을 지니고 있다. 초기 시의 부류인 그리움타령이나 중기시의 부류인 고향타령, 자연타령에서 훨씬 멀리 떠나와 그는 이미 메타포 시, 알레고리 시, 이미지즘 시를 생산해내서 시가 독자들로부터 높은 값에 팔릴 수 있도록 최상의 상품을 진열하고 있다. 다만 아직 행과의 연결이 길거나 비슷한 상황묘사를 너무 많이 늘어놓는 경향은 자제되어

야 한다. 시를 애써 아름답게 꾸미려하지 말고 추억이나 사건을 이입시켜 진실이 강한 시를 쓰는 것도 그런 점을 해결할 수 있는 방법임을 주목하시기 바란다.

첫 시집이 이렇게 완성도 깊은 시집일진대 2,3시집이 계속된다면 그는 틀림없이 각광받는 시인이 될 수 있음은 미리 예견해본다. 첫 시집의 상재를 진심으로 축하드린다.

김상만 시집

갈대의 낙관

초판인쇄일 2014년 9월 1일
초판발행일 2014년 9월 3일

지은이 : 김상만
도서출판 문학공원
발행인 : 김순진
편집장 : 전하라
디자인 : 김초롱
등 록 : 2004년 3월 9일 제6-706호
주 소 : (우편번호 130-814)서울 동대문구 난계로 26길 17호
삼우빌딩 C동 302호 스토리문학사
전 화 : 02-2234-1666
팩 스 : 02-2236-1666
홈페이지 : http://cafe.daum.net/yob51
이메일 : 4615562@hanmailnet